D1854447

Kreatives Nähen

Kreatives Nähen

Die schönsten Ideen für Kleidung,
Wohn- und Modeaccessoires

Inhalt

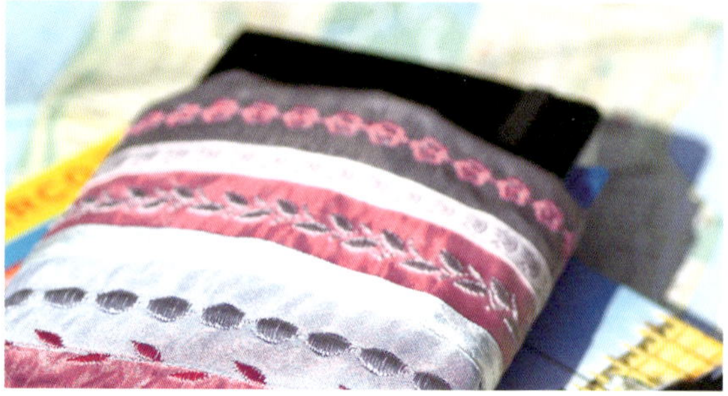

Inhalt

Feines für Tisch und Bett

Nähen für Kinder

Kleine Nähkunde

Lieblingsstücke selbst gemacht

Das kreative Spiel mit Nadel, Faden und Nähmaschine ist beliebter denn je, es weckt den Spaß am Experimentieren und gibt einem das gute Gefühl, etwas anzufertigen, das unverwechselbar und einzigartig ist. Haben nicht auch Sie Lust, Ihre Nähmaschine wieder auszupacken und die Lust am Nähen neu zu entdecken?

Von raffinierten Mode-Accessoires über elegante Lieblingsstücke, schicke Taschen, einladende Tischdekorationen, Dekoratives für Drinnen und Draußen bis hin zu liebevollen Ideen für Kinder und Kinderzimmer bietet Ihnen dieses Buch eine Fülle an originellen Modellen. Ob romantisch verspielt oder modern mit klaren Linien – dieses Nähbuch zeigt, wie Sie mit besonderen Ideen Ihr Zuhause und Ihr Outfit verschönern oder aber tolle Geschenke für Ihre Kinder und die beste Freundin selber herstellen können.

Ausführliche Anleitungen, viele Infos rund ums Nähen und die Schnitte, die Sie in Originalgröße auf dem beiliegenden Schnittmusterbogen finden, machen Lust auf kleinere und größere Nähprojekte.

Entdecken Sie Ihre Kreativität und bereiten Sie sich mit unseren Modellen Ihr ganz persönliches Nähvergnügen!

Accessoires zum Verlieben

Elegante Handytasche

Sie sind schwarz, weiß und auch farbig, aber alle zum Verwechseln ähnlich. Mit diesem Täschchen – schnell genäht und mit den Zierstichen Ihrer Nähmaschine individuell verziert – wird Ihr Handy zum Exklusivmodell, Verwechslung ausgeschlossen!

Das brauchen Sie

- Reste von lila- und fliederfarbener Doupionseide oder Seidentaft, ca. 40 x 50 cm
- 0,70 m Samtbändchen in Pink, 3 cm breit
- 3 jeweils 0,30 m lange Stickereibordüren in passenden Farben, 1 cm breit
- 0,30 m Stickvlies
- Maschinenstickfaden in Pink und Flieder
- 0,20 m Gewebeeinlage zum Aufbügeln
- Textilkleber

So wird's gemacht

Vorbereiten: Legen Sie das Maßband um das Telefon und messen Sie den Umfang. Zu diesem Maß rechnen Sie noch 2,5 cm plus 2 cm Nahtzugabe dazu, in der Höhe messen Sie die Länge des Telefons plus 2 cm plus 2 cm Nahtzugabe.

Zuschneiden: lilafarbene Seide und Gewebeeinlage: 2 x ein Rechteck mit den oben errechneten Maßen; fliederfarbene Seide: Streifen, 10 cm breit und Länge entsprechend des errechneten Umfangs plus Zugaben.

1 Bügeln Sie die Gewebeeinlage auf die Rückseiten der Taschenzuschnitte. Stecken Sie den fliederfarbenen Streifen auf die Vorderseite eines Taschenzuschnitts mit etwa 6 cm Abstand zur unteren Kante. Stecken Sie mittig über beide Schnittkanten je eine schmale Stickereibordüre und steppen Sie die Bordüre schmalkantig auf, so wird gleichzeitig der fliederfarbene Streifen fixiert. Anstoßend an die obere Bordüre steppen Sie ein Samtbändchen schmalkantig auf, daneben eine zusätzliche schmale Bordüre. Ein weiteres Samtbändchen steppen Sie mit 3 cm Abstand zur unteren Bordüre auf dem fliederfarbenen Streifen auf.

2 Legen Sie Stickvlies unter den Zuschnitt und verzieren Sie die Bändchen und den fliederfarbenen Streifen mit Zierstichen und Maschinenstickfaden. Sie können mittig auf den Bändchen steppen oder die Zierstiche beidseitig der Kanten der verschiedenen Streifen nähen.

3 Verstürzen Sie das Futter mit dem Zuschnitt der Außentasche: Legen Sie die Teile rechts auf rechts und steppen Sie die obere Kante 1 cm breit aufeinander. Die Nahtzugaben auseinanderbügeln. Futter und Außentasche längs zur Hälfte und rechts auf rechts falten. Steppen Sie die Kanten mit einem 10 cm langen Schlitz mit 1 cm Nahtbreite aufeinander. Wenden Sie die Hülle durch den Schlitz und schließen Sie den Schlitz mit Handstichen. Stecken Sie das Futter in die Außentasche und steppen Sie die obere Kante schmalkantig ab.

Hot Spots N.Y.
Empire State
Statue of Liberty
Brooklyn Bridge

Feiner Perlenschal

Die Kombination aus Pashmina und Rocailles ist wirklich vom Feinsten! Wie eine zweite Haut schmiegt sich das edle Material um Hals oder Schultern. Die Perlenstickerei krönt die elegante Wirkung, egal ob Sie die Stola zum Abendkleid oder zur Jeans mit Pulli kombinieren.

Das brauchen Sie

- Pashmina- oder Wollschal
- Spitze in der Länge der doppelten Schalbreite plus 4 cm
- Rocailles in passender Farbe
- Perlennadel
- Nähfaden in passender Farbe
- Textilmarker
- evtl. Perlenannähfüßchen
- evtl. Strickvlies

So wird's gemacht

Vorbereiten: Fädeln Sie die Rocailles auf möglichst lange Fäden auf.

1 Schneiden Sie die Spitze in Schalbreite plus 2 cm zu. Falten Sie die Schmalseiten der Spitze zweimal je 0,5 cm auf die linke Seite und steppen Sie die Kante schmalkantig ab. Legen Sie die Spitze mit der geraden Kante rechts auf rechts auf die Pashminakante und steppen Sie die Kante 1 cm breit fest. Die Nahtzugaben in den Schal bügeln. Zusammengefasst 0,5 cm breit umfalten. Bügeln und schmalkantig feststeppen. Die zweite Schalkante genauso arbeiten.

2 Für die Stickerei zeichnen Sie mit dem Textilmarker entlang der beiden Schmalseiten in beliebiger Breite größere Paisleys oder ein fortlaufendes Bordürenmotiv frei Hand auf, die freien Flächen dazwischen füllen Sie mit geschwungenen Linien auf. Arbeiten Sie zuerst mit den vorbereiteten Perlenfäden und dem Perlenannähfüßchen die größeren Hauptmotive, anschließend die kleineren Füllmotive nach.

3 Haben Sie kein Perlenannähfüßchen, können Sie die Rocailles auch mit der Hand aufnähen. Mit einer Nähnadel fixieren Sie einen Faden am Anfang des Motivs, legen den Rocaillefaden daneben und stechen durch die erste Perle des Perlfadens. Im Wollstoff einen 1 mm langen Stich entlang des Motivs ausführen, durch die nächste Perle stechen, wieder in den Wollstoff wie vorher stechen. So lange diesen Vorgang wiederholen, bis alle Motivlinien mit Rocailles bestickt sind.

Tipp

Ist Ihnen die Perlenstickerei zu mühsam, können Sie stattdessen metallisches Stickgarn auf den Schal entlang der Motivlinien legen und dieses mit Zickzackstichen (Stichbreite 2,5 mm, Stichlänge 3 mm) überstechen. Eine andere Möglichkeit bietet sich mit Maschinenstickgarn in Metallicfarben, mit dem Sie Zierstiche entlang der Motivlinien sticken. Dafür legen Sie ein Stickvlies beim Sticken unter den Stoff.

Eleganter City-Shopper

Nichts fasziniert Frauen so sehr wie Taschen – passend zum Outfit sind sie der Traum schlechthin. Aber warum davon träumen, machen Sie Ihre Taschen selbst! Stimmen Sie die Farbe des Shoppers auf Ihre Garderobe ab oder wählen Sie die klassische Variante in Schwarz.

Das brauchen Sie

Vorlage Schnittmusterbogen A (hellblau)

- 0,5 m schwarzer Filz, 90 cm breit mit 4 mm Stärke
- 5 cm türkisfarbener und royalblauer Filz, 90 cm breit mit 4 mm Stärke
- 5 Facettenperlen in Blau, ca. 4 cm lang
- 8 Facettenrädchen in Türkis, ca. 1 cm Ø
- etwa 30 Perlen in Türkis mit 4 mm Ø
- dünner Nylonfaden
- Perlennadel
- Textilkleber
- schwarzer und türkisfarbener Nähfaden

So wird's gemacht

Zuschneiden: schwarzer Filz: Taschenkörper 1 x, Taschenbügel 2 x, Seitenteil 2 x; royalblauer Filz: Seitenteil 2 x, innerer Taschenbesatz 2 x, Quastenbefestigung 1,5 x 20 cm; türkisfarbener Filz: Schleifenbesatz 1 x, Quastenstreifen 6 x je 1,5 x 20 cm.

1 Legen Sie die Längskanten der Taschenbügel bündig aufeinander und stecken Sie sie mit Nadeln fest. Steppen Sie eine 1 cm breite Naht, dabei lassen Sie am Anfang und Ende 6 cm offen. Die Naht mit Rückstichen an den Enden sichern.

2 Die Naht der Taschenbügel in die Mitte legen und bügeln. Die Nahtzugaben, den Anfang und das Ende der Henkel auseinanderbügeln. Stecken und kleben Sie die Henkel an der eingezeichneten Stelle auf die innere Seite der Taschenkante, die Nahtzugaben sind nach innen gerichtet; schieben Sie dabei die Henkelansätze 4 cm breit über die Taschenkante. Den blauen Filzstreifen quer über die obere Taschenkante stecken, dabei decken Sie die Henkelansätze ab. Steppen Sie die inneren Taschenbesatzstreifen entlang der Längskanten 1 cm breit fest.

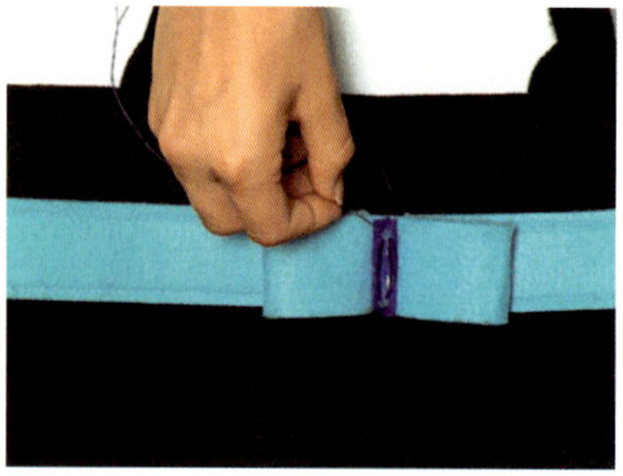

3 Legen Sie den türkisfarbenen Streifen für die Schleife quer zur Hälfte und steppen Sie eine senkrechte Naht mit 11 cm Abstand parallel zur Bruchkante. Den Streifen auseinanderfalten und die Bruchkante mittig auf die Naht zur Schleife drücken. Die Kanten bügeln und die Mittellinie senkrecht steppen. Stecken und kleben Sie Band und Schleife mit 6 cm Abstand zur oberen Taschenkante auf die Vorderseite der Tasche. Die Schleifenbandkanten 1 cm breit auf die Tasche steppen. Steppen Sie mittig über die Schleifennaht einen 1 cm breiten blauen Filzstreifen. Darüber Perlen mit der Hand festnähen.

4 Stecken Sie beide Seitenteile offenkantig unter die Kanten des Taschenkörpers. Heften und kleben Sie die Naht. Steppen Sie sie 1 cm breit vom Seitenteil her aufeinander.

5 Legen Sie je 3 Quastenstreifen aufeinander, dann beide Päckchen nebeneinander. Die Streifen mittig über den blauen Filzstreifen falten. Dicht darunter mit einem türkisfarbenen Streifen umbinden, die Enden aufeinanderkleben. Die Perlen (siehe Foto oben) auf zwei Fäden fädeln und an der Quaste festnähen. Die Quaste am Henkel anknoten.

Kleine Dirndl-Tasche

Ob Karohemd und Jeans oder fescher Dirndl-Look: Das herzige Täschchen passt immer und bietet genug Platz für alles, was man für einen Ausflug aufs Land braucht. Wem nicht der Sinn nach Herzen steht, appliziert sich ein anderes Motiv auf die Umhängetasche aus Filz.

Das brauchen Sie

- 0,25 m Wollfilz in Beige meliert, 3 mm dick, 140 cm breit
- Rest hellblauer Filz
- Rest rot karierter Stoff
- beidseitig beschichtete Thermofolie
- Metallknopf in Herzform
- Nähfaden
- Zackenschere

So wird's gemacht

Zuschneiden: grauer Filz: 23 x 33 cm (Tasche), ein an der Schmalseite gerundetes Rechteck mit 23 x 20 cm (Klappe), 132 x 3 cm (Riemen); hellblauer Filz: 30 x 1,2 cm (mit Zackenschere ausschneiden).

1 Stecken Sie den Zackenstreifen so unter die Rundung der Taschenklappe, dass dieser 0,6 cm hervorschaut. Entlang der Rundung aufsteppen.

2 Steppen Sie mit 0,5 cm Abstand entlang der Längskanten des Trageriemens mit Zickzackstich (Stichlänge 0,7 mm, Stichbreite 2,5 mm) Ziernähte, die gleichzeitig den Riemen stabilisieren. Die Taschenklappe 12 cm breit und mittig über die Querkante des Taschenteils stecken und steppen. Dabei zwischen Klappe und Tasche am oberen Rand beidseitig die Riemen dazwischenschieben. Die Klappe 1 cm breit aufsteppen und mit einer senkrechten Mittelnaht stabilisieren.

3 Das Taschenteil rechts auf rechts legen und die Seitennähte 1 cm breit steppen. Eine Seitennaht auf den Boden drücken und die Spitze mit 3 cm Abstand quer absteppen. Die gegenüberliegende Ecke genauso arbeiten. Die Nahtzugaben zurückschneiden und die Tasche wenden.

4 Das Herz auf Thermofolie übertragen, auf Stoff mit dazwischengelegtem Backpapier aufbügeln und ausschneiden. Mit Handstichen oder Quiltstichen auf der Tasche festnähen.

5 Auf der Klappe mittig mit 2,5 cm Abstand zur Kante ein Knopfloch einschneiden. Messen Sie den Knopf aus, um die Länge zu bestimmen. Steppen Sie schmalkantig um den Einschnitt herum, um ein Einreißen zu verhindern. Den Knopf an passender Stelle auf der Tasche festnähen.

Zarte Schals in Braun und Rosa

Schals, Schals, Schals ... davon kann frau nie genug haben. Ob im Doppel oder einzeln, die Seidenschals sind schnell gemacht und ein toller Einstieg für Anfänger. Quer liegende Fältchen oder in Fransen auslaufende Ziernähte steigern die dekorative Wirkung, so werden schlichte Oberteile in Szene gesetzt.

Das brauchen Sie

- 0,60 m Seidengeorgette in Braun und Rosa, 140 cm breit
- Nähfaden in Braun und/oder Rosa
- Maschinenstickfaden in Pink und Rosa
- 20 x 60 cm wasserlösliches Stickvlies
- Textilmarkierstift

So wird's gemacht

Zuschneiden pro Schal: in Braun oder Rosa: je 2 Streifen 30 x 110 cm.

Brauner Schal

1 Legen und stecken Sie die beiden Streifen links auf links und steppen Sie die Schmalseiten 1 cm breit zusammen. Die Nahtzugaben 0,3 cm zurückschneiden, auseinanderbügeln und entlang der Naht rechts auf rechts legen. Erneut eine 0,5 cm breite Naht steppen. Alle Schnittkanten mit braunem Nähfaden mit einem Overlock- oder einem Stickstich versäubern. Die Kanten sollen sich nicht dehnen oder einziehen.

2 Zeichnen Sie an den Schalenden mit Lineal und Textilmarkierstift 12 cm lange parallele Linien zu den Längskanten mit 1,5 cm Abstand zueinander. Schneiden Sie vom wasserlöslichen Stickvlies zwei Stücke mit je 30 x 30 cm ab. Unterlegen Sie den Bereich der aufgezeichneten Linien mit Stickvlies, dabei stehen ca. 15 cm über die Schmalseite des Schalendes hinaus. Steppen Sie nun die aufgezeichneten Linien mit Maschinenstickgarn in Pink mit einem Kett- oder Overlockstich nach. Setzen Sie die Linien als Fransen auf dem Stickvlies fort. Sind alle Linien nachgenäht, mit der zweiten Farbe die Stepplinien dicht neben den ersten nähen und ebenfalls auf dem Stickvlies fortsetzen. Waschen Sie das Vlies aus und binden Sie einen festen Knoten am Ende der herabhängenden Fransen. Die zweite Seite ebenso arbeiten.

Rosafarbener Schal

1 Verbinden Sie die Schalteile mit einer französischen Naht wie beim braunen Schal. Markieren Sie parallel zu den Schmalseiten mit jeweils 5 cm Abstand zueinander 4 Linien. Falten Sie den Stoff entlang einer Markierung links auf links. Steppen Sie dicht neben der Bruchkante mit kontrastfarbenem Maschinenstickgarn einen Stretch- oder Overlockstich. Falten und steppen Sie auch entlang der übrigen Markierungen die Zierlinien.

2 Das zweite Schalende genauso verzieren. Bügeln Sie die übernähten Falten in Richtung des jeweiligen Schalendes, eventuell mit Nadeln fixieren. Versäubern Sie die Außenkanten des Schals mit der Kontrastfarbe und dem Overlock- oder Stickstich, dabei die Fältchen fixieren.

Lieblingsstücke selbst gemacht

Wickelpareo in Sonnenorange

Ein echtes Unikat ist der selbst kreierte Stoff für den Pareo. Die ungewöhnliche Optik ist ganz einfach mit einer Zwillingsnadel und etwas Füllwatte gemacht und selbst für Anfänger ein Kinderspiel. Selten werden Sie ein ähnlich großes und schnelles, aber beeindruckendes Erfolgserlebnis haben!

Das brauchen Sie

Vorlage Schnittmusterbogen B (orange)
(entspricht Größe 87 x 217 cm)

- 2,20 m Viskose- oder feiner Baumwollstoff, 90 cm breit
- Nähfaden in Orange
- Füllwatte
- dünner Karton
- Cutter
- Textilmarker
- Zwillingsnadel

So wird's gemacht

Zuschneiden: Je nach gewünschter Rocklänge kürzen Sie die Stoffbreite von 90 cm oder belassen die 90 cm. An der oberen und unteren Kante benötigen Sie insgesamt 3 cm Nahtzugabe.

1 Bügeln Sie die Kanten des Stoffes rundum zuerst 0,5 cm und dann 1 cm auf die linke Stoffseite. Steppen Sie die Kanten schmalkantig fest.

2 Übertragen Sie die Strahlen der Vorlage auf dünnen Karton und schneiden Sie die Strahlen mit einem Cutter heraus.

3 Legen Sie die Schablone mit 5 cm Abstand zur Saumkante und 5 cm zueinander immer wieder nebeneinander auf den Stoff auf und markieren Sie die Strahlen mit Textilmarker. In der nächsten Reihe legen Sie die Schablone versetzt zwischen den vorherigen Kreisen auf, ebenfalls wieder mit 5 cm Abstand zueinander. Die ganze Stoffbahn mit den Markierungen versehen.

4 Steppen Sie mit der Zwillingsnadel alle sternförmig verlaufenden Linien; so entstehen Biesen, die in der Mitte kleine Blasen bilden. Knüllen Sie wenig Füllwatte zu ca. 1 cm großen Kugeln zusammen und legen Sie diese unter die Stoffblasen. Den Stoff dicht unter den Kugeln von rechts abbinden und die Fäden vernähen.

Sommertop für jeden Anlass

Die Nähte des Tops kehren das Innere nach außen, etwas, das sonst tunlichst vermieden wird. Spätestens durch die farbige Kontrastbetonung der Nähte ist klar, dass das kein Versehen ist, sondern eine kreative Umsetzung des topaktuellen Wäschelooks für heiße Sommertage.

Das brauchen Sie

Vorlage Schnittmusterbogen A (beige)
(entspricht Größe 38 – Größe 36: gestrichelte Linien)

- 0,60 m ecrufarbener Elastikjersey, 140 cm breit
- Nähfaden in Hellbraun
- Satinschleife oder -röschen in Hellbraun

So wird's gemacht

Zuschneiden: Vorder- und Rückteil: 1 x im Stoffbruch, Oberteil: 2 x; alle Teile mit 0,5 cm Nahtzugaben zuschneiden.

1 Legen Sie das Vorderteil entlang einer Abnähermittellinie links auf links und steppen Sie mit einem Overlock- oder Stretchstich entlang der Abnähernaht. Den überstehenden Stoff dicht an der Naht wegschneiden. Vorsicht! Zertrennen Sie dabei nicht die Nähfäden. Alle Abnäher steppen.

2 Legen Sie ein Oberteil rechts auf rechts auf das Vorderteil und steppen Sie die Ansatznaht 0,5 cm breit mit Overlock- oder Elastikstich. Das zweite Oberteil ebenso ansetzen. Die Nahtzugaben in das Vorderteil bügeln.

3 Vorder- und Rückteil rechts auf rechts legen, die Schulter- und Seitennähte 0,5 cm breit mit Overlock- oder Elastikstich steppen. Die Hals- und Armausschnittkanten und die untere Kante mit Overlockstich rundum versäubern. Am Vorderteil ein Röschen oder eine Schleife mit Handstichen fixieren.

Tipp

Mit einer Overlockmaschine ist dieses Top im Handumdrehen (ca. 2 Stunden) genäht, denn die Kanten werden gleichzeitig auch abgeschnitten.

Wie neu: Spitzenbluse mit Blüten

Trends machen Mode. Schön wird Mode jedoch erst mit kleinen Details und individuellen Spielereien, die den persönlichen Stil unterstreichen. Und oft sind es nur kleine Veränderungen, die aus dem Lieblingsstück wieder ein Trendmodell zaubern.

Das brauchen Sie

Vorlage Schnittmusterbogen A (rosa)

Kragen und Manschetten

- weiße Baumwollbluse
- etwa 2,0 bis 2,20 m weiße Baumwollspitze mit 6 cm Breite (obere Kragensteglänge mit 4 multiplizieren)
- 1,50 m weißes Ripsband, 1,5 cm breit
- Nähfaden in Weiß

Blüten

- Reste von Organza und Baumwollstoff
- transparente, wasserlösliche Stickfolie
- Folienstift
- Maschinenstickfaden in Weiß und Metallicstickfaden in Weiß, irisierend
- Textilkleber bzw. Textilsprühkleber

So wird's gemacht

Kragen und Manschetten

1 Trennen Sie den Kragen vom Kragensteg. Dafür öffnen Sie die Steppnaht am oberen Rand des Kragenstegs mit einer spitzen kleinen Schere. Hat der Steg eine Rundung bis zur Knopfleiste, öffnen Sie die Naht bis zum Beginn der Rundung. Nahtzugabe des Stegs auffalten, alle Fädchen entfernen. Markieren Sie am Kragensteg den ursprünglichen Nahtverlauf und die Mitte zwischen den beiden Schulternähten mit Stecknadeln oder Kreide. Die Nahtzugaben aufgefaltet bügeln.

2 Messen Sie die Länge des oberen und unteren Randes des Kragenstegs. Das jeweilige Maß mit 2 multiplizieren. Schneiden Sie von der Spitze zwei Stücke in diesen Längen ab. Die senkrechten Kanten der Spitzen mit engem Zickzackstich (Stichlänge 0,25 mm, Stichbreite 2 mm) versäubern. Falten Sie beide Spitzen zur Hälfte und markieren Sie mit Stecknadeln die Mittelsenkrechte. Steppen Sie mit 0,5 cm Abstand zu den Schnittkanten der Spitze eine doppelte Reihnaht mit der größten Stichlänge. Der Nahtabstand sollte etwa 0,5 cm betragen. Ziehen Sie beide Unterfäden der Reihnähte von beiden Seiten an, bis die Spitze die Länge der oberen bzw. unteren Kragensteglänge hat.

3 Stecken Sie zuerst die obere Spitze rechts auf rechts bündig auf die obere Kragenstegkante, dabei verteilen Sie die Mehrweite der Rüsche gleichmäßig. Legen Sie die Mittelmarkierungen der Rüsche genau über die Markierung am Steg. Steppen Sie die Rüsche zwischen den Reihnähten fest. Bügeln Sie die Nahtzugabe des Kragenstegs zusammen mit der Nahtzugabe der Rüsche zur Innenseite des Stegs und stecken Sie den äußeren Steg mit eingefalteter Nahtzugabe darüber, erneut bügeln. Steppen Sie die Stegteile mit der dazwischenliegenden Rüsche von der äußeren Kragenstegseite schmalkantig ab.

4 Legen Sie die zweite Spitze links auf rechts auf die untere Stegkante, die Nahtzugabe der Rüschenkante ragt 0,5 cm über die Stegansatznaht. Mehrweite gleichmäßig verteilen. Borte auf dem Steg zwischen den Reihnähten feststeppen. Klappen Sie die Spitze über die Naht auf die Bluse und bügeln Sie über die Ansatznaht. Die Rüsche schmalkantig neben der Ansatznaht absteppen.

Wie neu: Spitzenbluse mit Blüten

5 Teilen Sie das Ripsband in zwei Stücke. Stecken Sie je eine Hälfte so auf die Manschette, dass zu beiden Seiten jeweils etwa 25 cm überstehen. Die Längskanten stoßen an die Ansatznaht der Manschette an. Nähen Sie die Ripsbänder entlang beider Längskanten schmalkantig auf die Manschette. Die Enden der Bänder zweimal je 5 mm einschlagen und mit Handstichen fixieren.

Blüte 1 (Vorlagen a und b)

1 Legen Sie eine Lage Organza zwischen zwei Lagen Stickfolie und stecken Sie die Lagen mit Nadeln fest. Zeichnen Sie die Blütenblätter der Vorlage 1 a auf die obere Stickfolie mit Folienstift durch. Steppen Sie die Kontur rundum mit engem Zickzackstich (1 mm Breite, 0,35 mm Länge), dabei als Oberfaden Stickgarn verwenden. Nun arbeiten Sie die zweite, kleinere Blüte nach der Vorlage 1 b genauso.

2 Markieren Sie an beiden Lagen der Blüte 1 den Mittelpunkt. Legen Sie sie übereinander und schneiden Sie mittig ein kleines Loch. Umstechen Sie die Blütenmitte im Kreis mit einem engen Zickzackstich (2 mm Breite, 0,35 mm Länge).

3 Waschen Sie die Stickfolie der Blüten a und b aus und schneiden Sie die Blütenblätter knapp neben der Zickzackkante aus.

Blüte 2

1 Legen Sie eine Lage Organza zwischen zwei Lagen Stickfolie und stecken Sie die Lagen mit Nadeln aufeinander fest. Wählen Sie Metallicfaden als Oberfaden und Nähfaden oder Bobbin als Unterfaden.

2 Markieren Sie den Mittelpunkt und schneiden Sie mittig ein Loch. Umstechen Sie die Blütenmitte kreisförmig mit engem Zickzackstich (2 mm Breite, 0,35 mm Länge). Am einfachsten geht das, wenn Sie die Lagen langsam und gleichmäßig beim Nähen drehen und den Transporteur versenken.

3 Legen Sie die Lagen über die Vorlage, der umstickte Einschnitt liegt mittig auf der Vorlage. Zeichnen Sie mit Folienstift die Linien der Kreise und Blütenblätter auf die oberste Stickfolie durch.

4 Steppen Sie die Kreislinien durch langsames Drehen der Folie mit dem Organza. Abschließend sticken Sie die Blütenblätter mit weißem Stickgarn im engen Zickzackstich. Stickfolie mit Wasser auswaschen und den Stoff trockenbügeln. Schneiden Sie den Stoff dicht an den Zickzacklinien der Blütenblätter weg, achten Sie darauf, dass Sie den Nähfaden nicht anschneiden.

Wie neu: Spitzenbluse mit Blüten

Blüte 3

Legen Sie Baumwollstoff zwischen zwei Lagen Stickfolie. Zeichnen Sie die Vorlage durch. Schneiden Sie mittig ein kleines Kreuz, um dieses herum steppen Sie einen Kreis mit engem Zickzackstich. Nun wählen Sie einen bogenförmigen Stickstich und umnähen den inneren Kreis so oft, bis Sie die endgültige Größe erreicht haben.

Blüte 4

1 Nehmen Sie eine Lage Stickfolie und besprühen Sie diese mit dem Sprühkleber. Schneiden Sie von dem Metallicstickfaden viele etwa 10 cm lange Fäden ab und legen Sie sie dicht an dicht kreuz und quer auf die Stickfolie.

2 Übertragen Sie auf ein zweites Stickfolienquadrat die Kontur der Vorlage mit Folienstift. Stickfolie mit der aufgezeichneten Blüte darüberlegen und feststecken. Mit Metallicstickfaden entlang der Kontur mit Zickzackstich steppen. Nun kreuz und quer über die Fäden mit Geradstich steppen. Das Vlies auswaschen und die Fäden bis zur Blütenkontur wegschneiden.

Blüte 5

1 Nehmen Sie jeweils zwei Lagen Stickfolie mit dazwischenliegendem Organza. Zeichnen Sie mit dem Folienstift die Konturen und Markierungen auf die oberste Lage von der Vorlage durch. Steppen Sie mit Maschinenstickfaden die äußeren Konturen mit engem Zickzackstich nach.

2 Setzen Sie das Fransenfüßchen ein und steppen mit einer dichten Spirale von der Mitte nach außen (grau unterlegt). Abschließend den Stoff bis dicht an die Zickzacklinien wegschneiden.

Blüte 6

Nehmen Sie jeweils zwei Lagen Stickfolie mit dazwischenliegendem Organza. Zeichnen Sie mit dem Folienstift die Konturen und Markierungen auf die oberste Lage von der Vorlage durch. Steppen Sie mit Maschinenstickfaden die äußeren Konturen mit engem Zickzackstich nach. Den Kreis innerhalb des grau markierten Ringes frei Hand mit Metallicstickfaden kreuz und quer steppen. Den grauen Ring mit dem Fransenfuß arbeiten. Abschließend den Stoff bis an die Zickzacklinien wegschneiden.

Die Blüten auf die Vorderteile der Bluse locker verteilt mit der Hand aufnähern.

Cardigan mit Schalkragen und Bindebändchen

Ein wärmender Cardigan bietet in modischer Hinsicht mit einem dekorativen Kragen und Bindebändchen durchaus Steigerungspotential. So wird ein langjähriges Lieblingsstück auch in die nächste Saison gerettet und erfährt einen zweiten Modefrühling.

Das brauchen Sie

Vorlage Schnittmusterbogen A (pink)

- Cardigan mit V- oder Rundhalsausschnitt
- Rest von rosa-weiß gemustertem Woll- oder Baumwollstoff
- Rest hellblauer Stoff mit Blümchenmuster
- 0,20 m Volumenvlies
- Schnittpapier
- Nähfaden in Rosa

So wird's gemacht

Vorbereiten: Zeichnen Sie die Kragenhälfte auf Schnittpapier und schneiden Sie sie aus. Legen Sie das Schnittteil an der Schulternaht bis zur Knopfleiste an und überprüfen Sie den inneren Ausschnittverlauf, diesen am Cardigan evtl. anpassen (oder markieren und später wegschneiden).

Zuschneiden: rosa-weiß gemustert und Vlieseline: Kragen 2 x, hellblau-geblümt: Blende 4 x, Schrägband 4 x 80 cm

1 Die Vlieseline auf die Rückseite der Kragenteile bügeln. Legen Sie je 2 Blendenteile rechts auf rechts und steppen Sie die äußeren Kanten 1 cm breit aufeinander. Die Nahtzugaben 0,5 cm breit zurückschneiden, die Blende entlang der Naht links auf links legen und die Naht bügeln. Stecken Sie die Blende rechts auf rechts auf eine Kragenaußenkante und steppen Sie die Naht 1 cm breit. Die Nahtzugaben zurückschneiden und in die Blende bügeln. Die Blendenkante auf der linken Seite 1 cm breit einschlagen, bügeln und entlang der Ansatznaht feststecken. Von rechts schmalkantig und füßchenbreit absteppen, dabei die unten liegende Kante mitfassen.

2 Stecken Sie einen Kragen rechts auf links auf die Ausschnittkante des Cardigans, dabei steht die Nahtzugabe an der Schulternaht 1 cm über. Steppen Sie die Naht 1 cm breit und schneiden Sie die Nahtzugabe 0,5 cm breit zurück. Die Nahtzugabe zusammengefasst versäubern und in die Jacke bügeln. Die Schulterkante des Kragens rechts auf rechts entlang der Jackenschulter legen und die Naht entlang der Schulter steppen. Kragen zur rechten Seite klappen. Die Nahtzugaben der Kragenansatznaht von der rechten Jackenseite aus schmalkantig neben der Ansatznaht durch alle Lagen feststeppen. Den zweiten Kragen genauso arbeiten.

3 Bügeln Sie die Längskanten des Schrägstreifens beidseitig 1 cm zur linken Seite, falten Sie die Bügelkanten aufeinander und bügeln Sie erneut. Steppen Sie die Kanten schmalkantig aufeinander. Das Band mittig durchschneiden und beide Hälften am Ende des Kragens als Verschlussbänder festnähen. Die Enden der Bänder verknoten, dicht am Knoten wegschneiden.

Türkisblaue Weste

Mit der Weste sind Sie doppelt kreativ, das erste Mal als Stoff- und das zweite Mal als Modedesigner! Mit jeder Metallicnaht, die Sie kreuz und quer über den Stoff steppen, wird der Effekt schöner und auffälliger. Auch eine fertige Weste lässt sich damit im Handumdrehen verzieren.

Das brauchen Sie

Vorlage Schnittmusterbogen B (hellblau) (entspricht Größe 38)

- 0,60 m türkisblauer Baumwoll-, Viskose- oder Leinenstoff, 140 cm breit
- 0,30 m Bündchenstoff
- Metallic-Maschinenstickgarn in Weiß, Grün, Blau, Bunt und Kupfer
- teilbarer Zweiwegereißverschluss, Länge entsprechend der Schnittvorlage
- Kreiderädchen
- langes Lineal
- Maschinensticknadel für Metallicfäden

So wird's gemacht

Vorbereiten: Ziehen Sie mit dem Lineal und dem Kreiderädchen lange, durchgehende Linien kreuz und quer auf den aufgefalteten Stoff. Steppen Sie zuerst alle Linien einer Farbe mit dem Dreifachgeradstich nach, nach dem Farbwechsel alle Linien der nächsten Farbe (siehe Bild Seite 34). Die kupferfarbenen Linien sind beim Modell dreimal nebeneinanderliegend gesteppt. Haben Sie die gewünschte Liniendichte und Farbigkeit erreicht, bügeln Sie den Stoff und falten ihn quer zur Hälfte.

Zuschneiden: Vorderteil: je 2 x; Rückteil: je 1 x im Bruch; Taillenbündchen: 14 x 87 cm; Ausschnittbündchen: 8 x 76 cm.

1 Legen Sie das Vorderteil entlang der Abnähermittellinien rechts auf rechts und steppen Sie die Abnäher. Die Abnäher zur vorderen Mitte bügeln. Legen Sie die Vorderteile rechts auf rechts auf das Rückteil und steppen Sie die Schulter- und Seitennähte 1 cm breit. Die Nahtzugaben einzeln versäubern und auseinanderbügeln.

2 Die Armausschnittkanten versäubern, 1 cm breit auf die linke Seite bügeln. Von der rechten Seite füßchenbreit feststeppen.

3 Versäubern Sie die vorderen Westenkanten und die untere Kante bis zum Bündchenansatz. Falten Sie die untere Kante 1 cm breit auf die linke Seite, Kante bügeln und stecken. Falten Sie das Bündchen links auf links und stecken Sie es mit leichter Dehnung an die untere Westenkante, die Nahtzugabe an der senkrechten Westenecke überstehen lassen. Die Ansatznaht 1 cm breit steppen. Die vorderen senkrechten Kanten des Bündchens rechts auf rechts auf die Westenecke stecken und 1 cm breit steppen. Die Nahtzugaben in die Weste bügeln und zusammengefasst versäubern.

4 Das Bündchen entlang der Ausschnittkante leicht gedehnt rechts auf rechts stecken und 1 cm breit steppen, es soll dabei flach anliegen. Die Nahtzugaben zusammengefasst versäubert in die Weste bügeln. Das Bündchen an der vorderen Kante im Verlauf der vorderen Mittellinie wegschneiden. Die Bündchenkanten in der vorderen Mitte zusammengefasst versäubern.

Türkisblaue Weste

5 Die Reißverschlusshälften rechts auf rechts entlang der vorderen Kanten legen und stecken. Mit dem Reißverschlussfüßchen 1 cm breit aufsteppen. Die Nahtzugaben zur linken Seite bügeln. Entlang der Ansatznaht von rechts schmalkantig absteppen, dabei am Halsausschnitt beginnen, und im weiteren Verlauf an der unteren Bündchenansatzkante fortsetzen, am Halsausschnitt enden.

Auch eine fertige Weste lässt sich mit dekorativen Metallicstepplinien schnell und wirkungsvoll verzieren.

Reißverschlüsse

Für leichtere Stoffe, wie er hier für die Weste verwendet wurde, eignen sich vor allem Reißverschlüsse mit Kunststoffspirale. Sie sind biegsamer als solche mit Metallzähnchen. Ein weiterer Vorteil ist, dass diese Reißverschlüsse in vielen verschiedenen Farben erhältlich sind. So können Sie ihn entweder wie hier in der Farbe passend zur Westenfarbe wählen oder aber eine Kontrastfarbe verwenden.

Frech aufgepeppt: Cargohose

Mit liebenswerten Details wird aus einer schlichten, praktischen Hose ein individuelles Einzelstück. Setzen Sie rote Akzente mit Reißverschluss, Zierstichen und einem Extragürtel. Aufgesetzte Taschen und Klappen aus glänzendem oder lederähnlichem Stoff betonen den modischen Trend.

Das brauchen Sie

Vorlage Schnittmusterbogen B (rot)

- unifarbene Cargohose
- Stoffreste in Grün und Rot
- Rest grünes Alcantara
- 6 cm rote Tresse, 3 cm breit
- 4 Druckknöpfe, 2 Ösen, 1 Halbring
- roter Reißverschluss, 15 cm lang
- transparente, wasserlösliche Stickfolie
- Thermovlies
- Volumenvlies zum Aufbügeln
- Nähfaden in Grün und Rot

So wird's gemacht

Zuschneiden: Alcantara und Volumenvlies: 1 Streifen in Taillenlänge plus 20 cm x 5 cm; Alcantara: 1 Streifen in Taillenlänge minus 20 cm x 1 cm; roter Stoff: 1,8 cm x Gürtellänge, ca. 10 x 12 cm (Dekoration Reißverschlusstasche); grüner Stoff: 40 x 4 cm (Gürtelschlaufen), 16 x 16 cm (Tasche), 14 x 16 cm (Klappe), 2 x je 17 x 5,5 cm, 1 x 17 x 12 cm (Reißverschlusstasche), 19 x 4 cm (Verstürzstreifen).

1 Die Längskanten des Gürtelschlaufenstreifens 0,7 cm breit auf die linke Seite bügeln, die Kanten aufeinanderfalten und bügeln, schmalkantig absteppen. In der Anzahl der Gürtelschlaufen der Hose jeweils 4,5 cm lange Streifen schneiden. Diese an den Enden 0,5 cm breit umbügeln. Mit Doppelnähten direkt unterhalb der Gürtelschlaufen auf die Hose nähen. Auf die Gürtelstreifen Volumenvlies bügeln, die Längskanten aufeinanderfalten und bügeln, schmalkantig

absteppen. Den Baumwollstreifen mittig auf den Gürtel stecken, mit 0,5 cm Abstand rundum aufsteppen. Die offenen Kanten bis dicht an die Naht ausfransen. Den roten Streifen mittig darüberstecken und -steppen. Als Verschluss 4 Metalldruckknöpfe mit 5 cm Abstand einschlagen. Gürtel durch die Schlaufen ziehen.

2 Die Taschenkanten der Klappentasche versäubern, an der Oberkante 1 cm breit umschlagen und absteppen. Die Blume mit Filzstift auf die Stickfolie übertragen, auf die Tasche auflegen und die Linien mit Geradstich in Rot nachsteppen. Die Kanten 1 cm breit auf die linke Seite klappen, bügeln und heften. Den Klappenstreifen längs links auf links gefaltet bügeln. Die Klappen entlang der Kanten an drei Seiten offenkantig 0,5 cm und 1 cm breit absteppen. Die Kanten bis knapp vor die erste Naht ausfransen. Die Tresse zur Hälfte falten, mit dem Halbring mittig auf die Klappenunterkante stecken und die offenen Kanten mit engem Zickzackstich (Stichlänge 0,2 mm, Stichbreite 2,5 mm) aufsteppen. Die Tasche auf das Hosenbein stecken, schmalkantig und 1 cm breit aufsteppen. Die Bruchkante der Klappe an der oberen Taschenkante rechts auf rechts anlegen, die Schlaufe zeigt nach oben. Die Klappe schmalkantig neben der Bruchkante aufsteppen, nach unten klappen und bügeln.

3 Die schmalen Taschenteile an den Längskanten rechts auf rechts auf das breite Taschenteil legen. Die Nähte 1 cm breit steppen und auseinanderbügeln. Von rechts mittig über den Nähten Zickzackstiche (Stichlänge 3 mm, Stichbreite 3,5 mm) steppen. Die Breite der Reißverschlusszähnchen messen. Länge und Breite für den Ausschnitt als Rechteck mittig auf dem Streifen markieren. Den Streifen rechts auf rechts auf die obere Taschenkante stecken. Das Rechteck steppen und mittig und zu den Ecken hin schräg einschneiden. Den Streifen auf die linke Seite ziehen, die Kanten entlang der Nahtlinie heften und bügeln. Den Reißverschluss unter den Einschnitt stecken und rundum mit dem Reißverschlussfüßchen einnähen. Auf den roten Stoff eine Blüte (siehe Schritt 2) aufsteppen. Ein Rechteck 8 x 10 cm mit der Zackenschere ausschneiden und entlang der Außenkanten mit 0,7 cm Abstand mittig auf die Tasche steppen. Unterhalb des roten Rechtecks zwei Ösen in die Tasche schlagen. Die Kanten der Tasche 1 cm breit umbügeln, auf die Hose stecken und rundum schmalkantig und 0,7 cm breit aufsteppen. Nach Wunsch mehrere Blüten und dazwischenliegende „Stiele" direkt auf das Hosenbein steppen.

Küchenschürzen im Asia-Look

Schürzen machen sich schick und spiegeln modisch, was gerade auf dem Teller Furore macht. Unsere Schürzen im Asia-Look sind nicht nur für Sushi-Freunde gedacht. Ihr zeitgemäßes Design macht den täglichen Küchendienst wesentlich attraktiver!

Das brauchen Sie

- 0,60 m Baumwollstoff im Asialook, 114 cm breit (lange Schürze 1,10 m)
- 1,10 m Baumwollstoff im Asialook, 114 cm breit
- 0,80 m Pomponborte in Schwarz mit 7 mm Ø
- 0,20 m Volumenvlies
- Nähfaden in passender Farbe

Größen: 70 cm breit, 64 bzw. 103 cm lang

So wird's gemacht

Zuschneiden: Asia-Stoff: 74 x 55 cm (Schürzenteil kurz); Designer Dappels: 74 x 96 cm (Schürzenteil lang); Designer Twine: 2 x je 74 x 17 cm (Besatz), 4 x je 110 x 17 cm (Bindebänder); Volumenvlies: 70 x 15 cm; alle Angaben inkl. Nahtzugaben.

1 Bügeln Sie die seitlichen Längskanten des Schürzenteils zweimal je 1 cm auf die linke Seite und steppen Sie den Saum schmalkantig fest. Die untere Schürzenkante zweimal je 2,5 cm auf die linke Seite bügeln und feststecken. Stecken Sie die Pomponborte so über die Saumkante der rechten Seite, dass die Ansatzlinie genau über dem Bügelbruch des Saums liegt. Falten Sie den Anfang und das Ende der Borte 1 cm breit auf die linke Seite zwischen die Saumzugaben. Steppen Sie Borte und Saum in einem Arbeitsgang fest.

2 Bügeln Sie die Volumenvlies auf die Rückseite eines Besatzteils. Die Besätze rechts auf rechts legen und entlang einer Längskante 1 cm aufeinandersteppen. Die Nahtzugaben auseinanderbügeln. Die seitlichen Nahtzugaben 2 cm breit nach links bügeln. Die Besatzlängskante rechts auf rechts auf die obere Schürzenkante legen und 1 cm breit feststeppen. Die Nahtzugaben in den Besatz bügeln. Die Nahtzugabe an der offenen Besatzkante 0,5 cm breit auf die linke Seite bügeln. Den Besatz entlang dieser Kante von der Rückseite her feststecken und von rechts aufsteppen.

3 Legen Sie je zwei Bindebänder rechts auf rechts und steppen Sie diese 1 cm breit aufeinander, dabei eine Schmalseite offen lassen. Die Nahtzugaben zurück- und an den Ecken schräg wegschneiden, die Teile wenden und bügeln. Die Bindebänder an der rechten und linken Schürzenkante 3 cm tief in die offenen Besatzkanten schieben, feststecken und die Naht der Besatzkanten steppen, dabei die Bindebänder fixieren.

Mila

Schöner Wohnen

Tolle Aussichten: Spitzengardinen

Spitzen vom Flohmarkt oder vielleicht auch aus Omas Nähkästchen in Kombination mit edlem Batist – und aus jedem noch so schlichten Fenster wird ein kleines Kunstwerk. Je nachdem wie viele Spitzenbänder man aufnäht, auch gleich noch ein blickdichtes dazu!

Das brauchen Sie
Vorlage Schnittmusterbogen B (blau) (Größe nach Wahl)

- Glasbatist in Weiß, 90 cm oder 140 cm breit (entsprechend der Fenstermaße)
- ca. 10 m Spitze vom Flohmarkt oder selbst genäht, Breite beliebig zwischen 5 und 9 cm
- Nähfaden in Weiß
- 0,50 m beidseitig beschichtete Thermofolie
- Wingnadel

So wird's gemacht

Zuschneiden: Messen Sie für den Zuschnitt von der Vorhangstange bis zum Fensterbrett in der Höhe, für die Breite die Entfernung zwischen den senkrechten Fenstersturzkanten. Zur Höhe 2 cm und in der Breite 4 cm dazugeben. Dieses Maß aus Glasbatist zuschneiden.

1 Übertragen Sie das Mittelmotiv von der Vorlage auf Thermofolie und schneiden Sie die Teile grob aus. Auf Glasbatist aufbügeln und entlang der Konturen ausschneiden. Zeichnen Sie mittig auf dem Zuschnitt einen Rahmen mit 30 x 50 cm auf. Bügeln Sie die Teile des Motivs innnerhalb des Rahmens auf. Umsteppen Sie die Kanten mit Zickzack- (Stichlänge und -breite 2,5 mm) oder einem Quiltstich, dabei wirkt es besonders dekorativ, wenn Sie die Wingnadel verwenden. Bügeln Sie die äußeren Kanten des Vorhangs zweimal je 1 cm auf die linke Seite und steppen Sie den Saum rundum schmalkantig fest. Legen Sie 4 je 6 cm lange Spitzenreste zur Hälfte aufeinander und stecken Sie sie als Schlaufen mit den offenen Kanten 1 cm breit unter die obere Kante. Die Schlaufen quer feststeppen.

2 Stecken Sie nun die Spitzenreste nach Belieben um das Mittelmotiv herum auf. Ruhiger wirkt die Gestaltung, wenn Sie die Spitzen symmetrisch anordnen, d. h., wie auf dem Foto waagerecht in der Mitte zu beiden Seiten beginnen und darüber und darunter die senkrechten Spitzen jeweils gespiegelt auflegen. Stecken Sie zuerst alle Spitzenstreifen auf. Gefällt Ihnen die Anordnung, steppen Sie die Anstoßlinien mit Zickzackstich (Stichbreite 3,5 mm, Stichlänge 1,5 mm) aneinander. Die überstehende Spitze dicht am Zickzack wegschneiden.

Wingnadel

Diese spezielle Nähmaschinennadel wird auch Hohlsaumnadel genannt. Sie hat an beiden Seiten des Nadelöhrs breite Flügel. Dadurch entsteht beim Einstechen im Stoff ein kleines Loch, das den Handstickereieffekt erzeugt.

Julia Bird

Stilvolle Geschenkhüllen

Zartes Organza statt traditionelles Papier: Wer seine Geschenke so stilvoll verpackt, wird immer einen Treffer landen. Ob Flaschenhülle oder Tasche – sind die Geschenkhüllen außerdem noch so individuell verziert wie hier, werden Sie in bester Erinnerung bleiben!

Das brauchen Sie

Vorlage Schnittmusterbogen A (schwarz)

Tasche mit Nieten

- 1,00 m Organza in Lila, 90 cm breit
- 0,50 m Tüll in Lila, 140 cm breit
- Nähfaden
- 8 Ösen in Silber, Ø 4 mm

Flaschen-Tasche

- 0,60 m Organza in Türkis, 90 cm breit
- Rest Stickfolie
- Nähfaden

So wird's gemacht

Tasche mit Nieten

Zuschneiden: Alle Teile nach den Angaben des Schnittmusterbogens zuschneiden.

1 Bügeln Sie die Oberkante der vier Beutelteile und der aufgesetzten Tasche zweimal je 2,5 cm auf die linke Seite. Schieben Sie je ein Lage Tüll und das zweite Beutelteil unter die umgebügelte Kante des ersten bis an dessen Bruchkante. Steppen Sie die obere Kante schmalkantig ab, fassen Sie dabei alle Lagen. Bügeln Sie die übrigen Kanten der aufgesetzten Tasche 1 cm breit auf die linke Seite. Schlagen Sie in die obere Kante 6 Ösen ein und je 1 Öse in die beiden unteren Ecken. Die Tasche auf ein dreilagiges Beutelteil stecken und schmalkantig mit dem Reißverschlussfuß aufsteppen.

2 Arbeiten Sie die Seitennähte mit der französischen Naht: Legen Sie die dreifachen Beutelteile für die Vorder- und Rückseite der Tasche links auf links aufeinander und steppen Sie die Seitennähte 1 cm breit aufeinander. Die Nahtzugaben auf 4 mm Breite zurückschneiden, den Beutel wenden. Legen Sie die Beutelteile genau entlang einer Nahtrille rechts auf rechts und bügeln Sie die Kante. Steppen Sie eine 5 mm breite Naht, dadurch werden die Nahtzugaben in der Naht eingeschlossen. Die zweite Naht ebenso arbeiten.

3 Für den Taschenboden legen Sie je eine Lage Organza, Tüll und Organza aufeinander und steppen ringsum 1 cm von der Schnittkante entfernt die Stofflagen zusammen. Den Boden rechts auf rechts an der Unterkante von Vorder- und Rückteil einsetzen, dabei die Einsatzzeichen beachten. 1 cm breit steppen, dabei nach den Ecken die Naht immer neu ansetzen. Die Nahtzugaben zusammengefasst versäubern. Bügeln Sie nun, von den Ecken ausgehend zur Taschenoberkante hin, die „Seitennähte" als Bruchkante ein. Steppen Sie diese von rechts knappkantig ab. Falten Sie die Längs- und Querkanten der Trageriemen 1 cm breit auf die linke Seite, die längs laufenden Bruchkanten erneut aufeinanderfalten. Die Trageriemen an beiden Seiten schmalkantig absteppen und entsprechend der Zeichen an der Taschenoberkante aufsteppen.

Flaschen-Tasche

Zuschneiden: Alle Teile nach den Angaben des Schnittmusterbogens zuschneiden.

Nähen Sie an der eingezeichneten Stelle die Knopflöcher ein, dafür Stickfolie unterlegen und anschließend auswaschen. Schließen Sie den Stoffstreifen mit der französischen Naht zum Ring (siehe Schritt 2, Tasche mit Nieten). Klappen Sie die obere Kante je 1 cm und 5 cm auf die linke Seite und steppen Sie den Saum von rechts schmalkantig ab. Parallel dazu mit 1,5 cm Abstand für den Tunnel eine weitere Naht nähen. Den Boden rechts auf rechts auf das Seitenteil stecken und 1 cm breit nähen. Die Nahtzugaben auf 0,5 cm zurückschneiden und zusammengefasst versäubern; Tasche wenden. Das Bindeband an den Längskanten je 1 cm auf die linke Seite bügeln, die Bügelkanten aufeinanderfalten und schmalkantig absteppen; in den Tunnel ziehen.

Farbenfrohe Topfhussen

Eine Husse für würzige Küchenkräuter statt dem obligatorischem Übertopf? Warum nicht! Küchenhandtuchstoff wird hier zweckentfremdet und zum dekorativen Accessoire auf der Fensterbank. Dekorative Zierstiche machen aus den Hussen exklusive Einzelstücke.

Das brauchen Sie

Vorlage Schnittmusterbogen A (grün)
(entspricht Höhe von 21 und 16 cm mit jeweils 15 cm Ø)

- 0,50 (0,40) m grün karierter Baumwollstoff, 90 cm breit
- 0,10 m türkis karierter Baumwollstoff, 90 cm breit
- 3,0 m Baumwollgarn in Türkis (für Nadelstärke 4–5)
- 50 x 40 cm Plastikfolie
- 20 cm Stickfolie
- Maschinenstickfaden in Weiß und Türkis
- Nähfaden in Weiß
- Textilmarker
- Zirkel

So wird's gemacht

Zuschneiden: grün kariert und Folie: 49 x 26 cm bzw. 49 x 21 cm (Außenseite), Kreis mit 17 cm Ø (Boden); türkis kariert: 49 x 7 cm (Belegstreifen); alle Angaben inkl. 1 cm Nahtzugabe.

1 Zeichnen Sie die Blätter von der Vorlage auf die Stickfolie durch. Stecken Sie die Stickfolie auf die Außenseite und legen Sie zwei türkisfarbene Fäden nebeneinander an die Anstoßlinie zweier Karos, beginnen Sie dabei an einer Schmalseite. Übernähen Sie die Fäden mit weißem Stickgarn und engem Zickzackstich (Stichlänge 0,2 mm, Stichbreite 4 mm). Nähen Sie bis zur ersten Blattmarkierung. Mit einem der beiden Fäden die Kontur des Blattes bis zur Spitze und weiter das nächste Blatt bis zur Geraden nachformen.

2 Mit der Stichlänge 2,5 mm des Zickzackstichs übersteppen Sie den Baumwollfaden bis zur nächsten Doppelgeraden (siehe graue Kontur, Schnittmusterbogen). Den Faden hängen lassen und mit dem zweiten Faden die untere Blatthälfte bis zur Doppelgeraden übersteppen. Das zweite Blatt genauso arbeiten, bis erneut zwei Fäden an der Trennlinie der Karos nebeneinanderliegen. Alle nebeneinanderliegenden Blätter auf der Außenseite nachsteppen. Die Blattadern steppen Sie mit 3-fach-Geradstich in Türkis nach. Die übrigen Blätter füllen Sie mit Stickstichen in Türkis aus.

3 Legen Sie die Schmalseiten der Außenhülle rechts auf rechts und steppen Sie die Naht 1 cm breit, die Nahtzugaben auseinanderbügeln. Den Boden rechts auf rechts in den Ring steppen. Den Belegstreifen rechts auf rechts auf den Folienstreifen und die Naht steppen. Den Folienstreifen zum Ring schließen, dabei einen 8 cm langen Schlitz zum Wenden offen lassen, den Folienboden einsetzen. Stecken Sie die Folienhusse rechts auf rechts in die Außenhülle und steppen Sie die Naht 1 cm breit. Die Husse durch den Schlitz wenden und den oberen Rand 3 cm breit nach außen umschlagen.

Kissen im Landhausstil

Raus aufs Land! Wer in der Stadt bleiben muss, holt sich mit Accessoires die Illusion vom beschaulichen Landleben in die Wohnung und träumt vom nächsten Wochenendtrip. In Rot-weiß kariert, Gestreift oder auch Geblümt, so wie bei unseren Kissenbeispielen.

Das brauchen Sie
Baumwollstoffe mit 150 cm Breite

Karokissen mit falschem Stehsaum
Größe 68 x 68 cm
- 0,75 m Karostoff

Kissen mit Polsterrand
Größe 58 x 58 cm
- 0,55 m Streifenstoff
- 0,30 m Hahnentrittstoff
- 0,40 m Volumenvlies, 90 cm breit

Kissen mit Schnurpaspel
Größe 45 x 45 cm
- 0,50 m Karostoff
- 1,80 m Schnurpaspel in Beige oder Weiß

Kissen mit Karorüschen
Größe 50 x 50 cm
- 0,55 m Blumenstoff
- 0,50 m Karostoff

für alle Kissen
- Nähfaden
- pro Kissen 1 Reißverschluss, entsprechend der Kissengröße 30–40 cm lang

So wird's gemacht

Reißverschluss einnähen
Legen Sie die Hälften der rückwärtigen Kissenteile entlang der Längskanten rechts auf rechts. Markieren Sie von den seitlichen Kanten her etwa 5–10 cm entsprechend der Reißverschlusslänge. Steppen Sie die seitlichen Nähte 1,5 cm breit, dazwischen heften Sie die Naht. Die Nahtzugaben auseinanderbügeln und die Kanten versäubern. Den Reißverschluss mittig unter die Heftnaht stecken, heften und rundum mit dem Reißverschlussfüßchen einsteppen. Die Heftnaht lösen, den Reißverschluss etwa 5 cm weit öffnen.

Karokissen mit falschem Stehsaum

Zuschneiden: Vorderseite 70 x 70 cm, 2 Rückteile mit je 36,5 x 70 cm

1 Einen 40–45 cm langen Reißverschluss in die Kissenrückteile einnähen. Stecken Sie das Kissenvorderteil rechts auf rechts auf die rückwärtige Kissenplatte und steppen Sie die Naht rundum 1 cm breit. Die Nahtzugaben zusammengefasst versäubern, bügeln und das Kissen wenden. Die Kanten ausformen; das geht am besten mit einem Löffelstiel, den Sie fest von innen gegen die Naht drücken.

2 Die äußeren Kanten bügeln und aufeinanderstecken. Markieren Sie auf der Vorderseite einen 4 cm breiten Rand und steppen Sie entlang der Markierung Vorder- und Rückteil aufeinander.

Kissen mit Polsterrand

Zuschneiden: aus Streifenstoff 52 x 52 cm (Vorderseite) und 2 x je 27,5 x 52 cm (Rückseiten); aus Hahnentritt und Volumenvlies 4 x je 62 x 10 cm.

1 Nähen Sie in die Kissenrückseite einen 40 cm langen Reißverschluss. Bügeln Sie das Volumenvlies auf die Streifen auf und falten Sie die Streifen längs und links auf links zur Hälfte. Zeichnen Sie an den Enden von den Bruchkanten zu den Schnittkanten jeweils einen 45-Grad-Winkel an und schneiden Sie die Ecken weg.

2 Legen Sie die Streifen mittig und rechts auf rechts auf die Kanten der vorderen Kissenplatte. Steppen Sie die Streifen von Ecke zu Ecke fest. Legen Sie die aneinanderstoßenden Ecken rechts auf rechts und steppen Sie die Nähte. Die Nahtzugaben zurückschneiden und auseinanderbügeln, die Ecken wenden. Das Kissenrückteil links auf links auf das Vorderteil stecken. Die Nahtzugaben des rückwärtigen Stehsaums 1 cm breit einschlagen und rundum feststecken. Rundum schmalkantig feststeppen, das Kissen durch den Reißverschluss wenden und bügeln.

Kissen mit Schnurpaspel

Zuschneiden: aus Karostoff: 47 x 47 (Vorderseite), 2 x je 25 x 47 cm (Rückseiten).

1 In die Rückseiten einen 30 cm langen Reißverschluss einnähen. Stecken und heften Sie die Schnurpaspel auf die Außenkante der Kissenvorderseite; die Schnurkante liegt nach innen zur Kissenmitte gerichtet, die Schnittkanten der Paspel liegen bündig auf den Kissenkanten. An den Ecken die Nahtzugaben der Schrägstreifen bis kurz vor die Schnursteppnaht senkrecht einschneiden, so lässt sich die Paspel gut um die Ecke legen. Steppen Sie die Schnurpaspel rundum auf die Nahtlinie des Kissens.

2 Legen und stecken Sie die Kissenrückseite mit dem leicht geöffneten Reißverschluss rechts auf rechts auf die Vorderseite. Steppen Sie die Naht, die genau über der Nahtlinie der Schnurpaspel liegt. Die Nahtzugaben zusammengefasst versäubern. Kissen durch den Reißverschluss wenden.

Kissen mit Karorüschen

Zuschneiden: aus Blumenstoff 52 x 52 cm (Vorderseite) und 2 x je 27,5 x 52 cm (Rückseiten); aus Karostoff: Streifen mit insgesamt 400 x 16 cm.

1 Nähen Sie in die Rückseiten einen 35 cm langen Reißverschluss. Legen Sie die Schmalseiten der Rüschenstreifen rechts auf rechts. Achten Sie darauf, dass das Karo genau aufeinandertrifft und stecken Sie zur Sicherheit mehrere Stecknadeln quer zur Naht ein, so kann das Muster beim Nähen nicht verrutschen. Steppen Sie die Nähte 1 cm breit. Die Rüsche zum Ring schließen und die Nahtzugaben auseinanderbügeln. Die Rüsche in der Runde links auf links zur Hälfte falten und die Bruchkante bügeln. Entlang der offenen Rüschenkanten innerhalb der Nahtzugabe eine doppelte Reihnaht mit Stichlänge 4–5 mm steppen. Ziehen Sie die Unterfäden der Reihnähte so weit an, bis die Rüsche 2 m lang ist. Die Mehrweite auf die gesamte Rüsche verteilen.

2 Stecken Sie die offenen Rüschenkanten rundum rechts auf rechts auf die vordere Kissenplatte, dabei schieben Sie auf den Reihnähten etwas mehr Weite der Rüsche von der Kissenmitte zu den Ecken hin. Heften Sie die Rüschenkanten fest und stecken Sie die rückwärtige Kissenplatte rechts auf rechts. Die Naht rundum 1 cm breit steppen und die Nahtzugaben zusammengefasst versäubern. Wenden Sie das Kissen durch den Reißverschluss. Die Ansatznaht der Rüsche rundum bügeln.

Tipp

Farblich genau aufeinander abgestimmte Stoffe im aktuellen Mustermix erhalten Sie, wenn Sie die Stoffe aus einer Serie eines Herstellers kaufen.

Edel-Look für weiße Handtücher

Einfacher geht es nicht: Wer Nähen für sich entdecken möchte, sollte mit diesen Handtüchern anfangen. Einfach Streifen auf fertige Handtücher aufbügeln und mit Zierstichen dekorieren. Fürs eigene Bad, aber auch als Geschenk für liebe Freunde.

Das brauchen Sie

- weiße Frotteehandtücher in beliebigen Größen
- pro Handtuch ca. 0,20 m Baumwollsatin
- Zackenlitzen und Samtbänder in den passenden Farben, Länge entsprechend der Handtuchbreite plus 2 cm
- 1,50 m beidseitig beschichtete Thermofolie
- Maschinenstickfaden, Farben Ton in Ton auf den Satin abgestimmt

So wird's gemacht

Auf jedes Handtuch sind 5 Streifen appliziert, die zusätzlich mit Zierstichen und Litze verziert werden.

1 Schneiden Sie pro Handtuch in der Handtuchbreite plus 2 cm einen Streifen Stoff mit 17 cm Länge zu. Bügeln Sie auf die Rückseite flächig Thermofolie auf. Schneiden Sie nun den bebügelten Stoff in 2 je 2 cm breite, je einen in 3, 4 und 6 cm breite Streifen. Bügeln Sie die Längskanten der Streifen jeweils 0,5 cm breit auf die linke Seite, dabei legen Sie Backpapier unter, da sonst die Thermofolie auf dem Bügelbrett klebt. Die schmalen Seiten bügeln Sie 1 cm breit auf die linke Seite.

2 Stecken Sie die Streifen mit beliebigem Abstand zum Handtuchrand und ebenfalls beliebigem Abstand zueinander auf die Handtücher. Gefällt Ihnen die Anordnung, bügeln Sie die Streifen auf.

3 Wählen Sie Zierstiche, mit denen Sie die Kanten oder die Mitte der Streifen besticken, oder steppen Sie mit Geradstich schmalkantig entlang der Kanten. Auch Zackenlitze, die über die Kanten gelegt wird, wirkt sehr dekorativ. Diese muss nur mit einer Mittelnaht fixiert werden.

Tipps

Die Handtücher sind eine tolle Übung für Anfänger, außerdem können Sie die Zierstiche Ihrer Maschine gut ausprobieren.

Wählen Sie die Stickfäden entweder Ton in Ton heller oder dunkler, für Litzen oder Samtbänder übernehmen Sie den Farbton der Stickfäden.

Als Geschenk wirken die Handtücher perfekt, wenn Sie Gäste-, Hand- und Duschtücher in einer Farbe gestalten.

Romantische Hüllen für Windlichter

Windlichter wecken Träume von lauen Sommernächten, mit leiser Musik und einem Sternenhimmel, der im Nirgendwo zu enden scheint. Diese Windlichter mit edlem Perlenschmuck passen immer, auch dann, wenn der Sommer mal eine Auszeit nimmt.

Das brauchen Sie

- 40 x 40 cm Organza
- Rundperlen oder Rocailles
- Nylonfaden
- Perlennadel
- Nähfaden

Rüsche
- 1,00 m Schrägband aus Organza, ca. 3 cm breit
- 2,00 m Perlenschnur

So wird's gemacht

Zeichnen Sie z. B. mit einer Tortenplatte einen ca. 40 cm großen Kreis auf den Organza. Den Kreis ausschneiden und mit Zickzackstich versäubern. Die Perlen auf eine Schnur fädeln und mit dem Perlenannähfüßchen auf dem Rand festnähen.

Variante
Zusätzlich können Sie eine Rüsche aufsetzen. Dafür versäubern Sie die Kanten des Schrägbandes mit Zickzackstich. Wie vorher die Perlenschnur beidseitig über dem Zickzackstich aufsteppen. Steppen Sie mittig eine Reihnaht mit möglichst lang eingestelltem Geradstich. Ziehen Sie den Unterfaden auf eine Länge von 65 cm an. Zeichnen Sie einen Kreis mit ca. 20 cm Ø mittig auf dem Organzakreis auf. Stecken Sie die Rüsche mittig auf der Markierung auf und steppen Sie diese über der Reihnaht fest.

Legen Sie den Organzakreis mit Perlen in das Windlicht und stellen Sie zur Sicherheit das Teelicht in ein kleines Schnapsglas, so kann der Organza sich nicht entzünden.

Das Perlenannähfüßchen

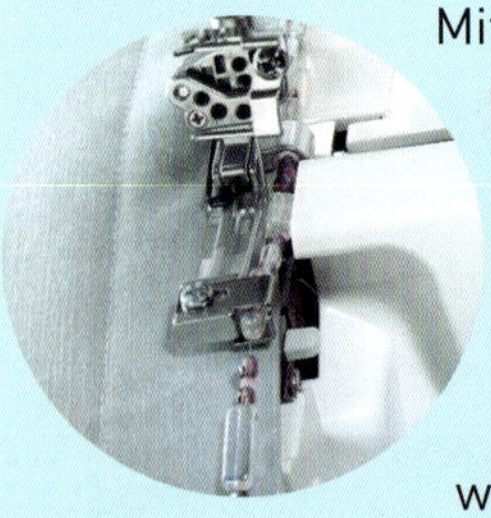

Mit der Overlock und dem Perlenannähfüßchen fixieren Sie aufgefädelte Perlenstränge schnell und einfach auf dem Stoff und entlang der Kanten. Die spezielle Führung gibt den aufgefädelten Perlen Halt, so rutschen sie nicht weg und lassen sich ganz leicht annähen. Wichtig ist, dass die Perlen durch die Führung des Fußes passen!

Praktische Deko-Säckchen

Diese Säckchen sind wie Appetizer und machen in jedem Fall Lust auf mehr! Dazu sind sie praktische Allrounder, denn sie nehmen alles auf, von Brötchen auf dem Frühstückstisch bis hin zur Blumendeko. Wer's perfekt mag, stimmt die Applikation auf den Inhalt ab.

Das brauchen Sie

Vorlage Schnittmusterbogen A (grün)
(entspricht Größe 21 x 21 cm)

- 21 x 42 cm Wollfilz in Maigrün, 4 mm dick
- rot-weiß gepunktete, rot-weiß karierte, grüne und naturfarbene Baumwollreste
- beidseitig beschichtete Thermofolie
- Nähfäden in Grün, Weiß und Rot
- Nähfaden
- evtl. Stickmotiv
- Stickfolie

So wird's gemacht

Übertragen Sie die Teile der Erdbeere und des Pilzes auf die Applikationsfolie, grob ausschneiden und auf die Rückseite der gemusterten Stoffe aufbügeln. Entlang der Konturen ausschneiden. Den Filzstreifen zur Hälfte legen und die Motive mit 5 cm zur Unterkante mittig auf dem Filz platzieren. Die Teile aufbügeln, mit Zickzack- oder Quiltstich aufsteppen. Die Schmalseiten des Filzstreifens mit einer gewellten Musterschere schneiden. Den Streifen quer zur Hälfte aufeinanderlegen und die Kanten 0,7 cm breit aufeinandersteppen. Wenden Sie den Beutel auf die linke Seite. Arbeiten Sie den Boden (siehe S. 17, Schritt 3).

Mila

Feines für Tisch und Bett

Tischdekoration im Set

Mit einem liebevoll gedeckten Tisch machen Sie die nächste Einladung zu einem ganz besonderen Erlebnis. Dabei spielt es keine Rolle, ob Sie sich für edles Leinen, duftigen Organza oder schlichten Wollfilz entscheiden. Das ist eine Frage des persönlichen Stils.

Das brauchen Sie

Vorlage Schnittmusterbogen A (orange)
(entspricht Größe 25 x 38 cm)

Material für 4 Gedecke

- 1,90 m naturweißes Leinen, 140 cm breit
- 0,30 m naturbeiges Leinen, 140 cm breit
- 0,20 m hellbraunes Leinen, 140 cm breit
- 4 Hirschhornknöpfe
- naturfarbenes Baumwollgarn
- 0,30 m beidseitig beschichtete Thermofolie
- 0,10 m Stickfolie
- Aqua-Fixiermarkierer
- Nähfaden in Natur und Hellbraun
- Maschinenstickfaden in Beige

So wird's gemacht

Zuschneiden: Naturweiß: 44 x 64 cm, Hellbraun: 2 x je 44 x 1,5 cm und 64 x 1,5 cm (Tischset); Naturbeige: 56 x 12 cm, Hellbraun: 12 x 1,5 cm (Bestecktasche); Naturweiß: 48 x 48 cm (Serviette); Hellbraun: 9 x 22 cm (Serviettenring).

Tischset

1 Übertragen Sie das Initial von der Vorlage mit Filzstift auf die Thermofolie und schneiden Sie es mit grobem Umriss aus. Bügeln Sie den Buchstaben auf das hellbraune Leinen, dabei ca. 15 Sekunden lang mit dem Bügeleisen drücken. Schneiden Sie die Applikation entlang der Kontur aus. Platzieren Sie den Buchstaben mittig mit 11 cm Abstand zu einer Schmalseite auf dem Zuschnitt für das Tischset und bügeln Sie ihn auf. Mit engem Zickzackstich (Stichlänge 0,3 mm, Stichbreite 1,5 mm) umsteppen.

2 Markieren Sie mit Aqua-Fixiermarkierer parallele Linien mit 8 cm Abstand zu den Außenkanten der Tischsetzuschnitte. Bügeln Sie die Kanten der hellbraunen Streifen jeweils 0,3 cm auf die linke Seite. Drücken Sie die Streifen auf die Markierungslinien der Tischsets. Steppen Sie mit Maschinenstickfaden beidseitig entlang der Streifenkanten einen Stickstich, der wie ein Languettenstich wirkt, alternativ auch einen anderen Quiltstich. Steppen Sie mit dem hellbraunen Nähfaden beidseitig mit 0,7 cm Abstand zu den Streifen den 3-fach-Geradstich.

3 Bügeln Sie die Außenkanten der Tischsets zweimal je 1 cm rundum auf die linke Seite und steppen Sie die Nahtzugaben von rechts mit 0,7 cm Randabstand fest.

Tischdekoration im Set

Bestecktasche

1 Übertragen Sie das Stickmotiv auf die Stickfolie. Steppen Sie den hellbraunen Streifen entsprechend der Schemazeichnung auf den Taschenstreifen auf (siehe Tischset, Schritt 2). Legen Sie mittig unterhalb des Streifens das Stickmotiv und sticken Sie es mit eng eingestelltem Zickzackstich nach, dabei die Stichbreite variieren.

2 Falten Sie den Streifen quer zur Hälfte rechts auf rechts und erneut mit 8 cm Abstand zur Bruchkante die Tasche. Steppen Sie die seitlichen und die Längskante mit einem 5 cm langen Schlitz 1 cm breit aufeinander. Die Ecken schräg wegschneiden und die Tasche durch den Schlitz wenden. Den Schlitz mit Handstichen verschließen.

Servietten und Serviettenring

1 Falten Sie die Kanten der Serviette 1 cm und noch mal 3 cm auf die linke Seite und bügeln Sie die Kanten. Steppen Sie die Nahtzugabe von der rechten Seite mit einem Stickstich und beigefarbenem Maschinenstickfaden fest.

2 Versäubern Sie die Kanten des Leinenstreifens mit Zickzackstich. Sticken Sie mittig der Länge nach 3 verschiedene Stickstiche mit Maschinenstickgarn auf den Streifen. Nähen Sie auf das Ende des Streifens mittig einen Knopf und binden Sie den Garnfaden daran fest. Den Streifen mit Garn um die Serviette legen und den Garnfaden um den Knopf wickeln.

Tischdekoration im Set

Materialauswahl

Eine vollkommen andere Wirkung des Sets aus Tischset, Bestecktasche und Serviette erzielen Sie, wenn Sie die Applikationen und Bänder z. B. aus Filz anfertigen oder die Tischsets aus transparentem Organza nähen.

Sie können für das hübsche Stickmotiv auf der Bestecktasche sowie für die Serviettenringe und Bänder auch ein Kontrastfarbe zum naturfarbenen Leinenstoff wählen, zum Beispiel Bordeauxrot oder Tannengrün, je nachdem, welche Farbe besser zur sonstigen Tischdekoration oder Ihrer Wohnungseinrichtung passt.

Bestickend schöner Tischschmuck

Tischsets sind nicht nur praktisch, sie sind auch schön. Insbesondere dann, wenn sie – wie hier – individuell gestaltet sind. Ob romantisch verspielt mit dekorativen Zierstichen oder sachlich pur dekoriert: Tischsets sind schnell fertig und ideal für Nähanfänger!

Das brauchen Sie

Vorlage Schnittmusterbogen B (rot)

Läufer mit geometrischen Motiven (längs)

Größe 60 x 140 cm

- 0,60 m Wollfilz, 140 cm breit, 3 mm stark
- Maschinenstickfaden in Weiß

Läufer aus Seide (quer)

Größe 60 x 144 cm

- 1,00 m weiße Seide, 140 cm breit
- 0,80 m rote Seide, 140 cm breit
- 1,20 m Volumenvlies, 140 cm breit
- 4,00 m orangefarbenes Seidenband, 6 mm breit
- Maschinenstickfaden in Weiß, Rot und Orange
- Textilmarkierstift
- Stickfolie
- Biesenfuß und Zwillingsnadel

Nähzutaten für 4 Sets und Servietten

- 0,45 m Wollfilz, 140 cm breit, 3 mm stark
- Maschinenstickfaden in Weiß und Rot
- 4 weiße Leinenservietten

So wird's gemacht

Läufer mit geometrischen Motiven

1 Zeichnen Sie die Linien und Quadrate entsprechend der Schemazeichnung des Schnittmuster mit Textilmarker auf den Filz auf. Steppen Sie die Motive und Linien mit den Sticheinstellungen nach den Angaben der Schemazeichnung mit weißem Maschinenstickfaden.

Läufer aus Seide

Zuschneiden: in Weiß: 2 x je 15 x 70 cm, 10 x je 15 x 63 cm; aus Volumenvlies: 2 x je 15 x 70 cm; 4 x je 15 x 63 cm, 80 x 70 cm (Vorderteil); in Rot: 80 x 70 cm (Vorderteil), 75 x 63 cm (Rückteil).

1 Bügeln Sie das Volumenvlies auf die Rückseiten der verschiedenen Streifen für die Vorderseite. Zeichnen Sie auf zwei weißen Streifen (15 x 70 cm) mittig und parallel dazu Linien mit je 3 cm Abstand. Diese Linien mit einem Overlockstich in Rot steppen. Die Streifen auf 15 x 63 cm zurechtschneiden.

2 Verzieren Sie das rote Seidenmittelteil auf der Vorderseite mit Stickreihen, Biesen und Bändern. Orientieren Sie sich dabei an der Schemazeichnung oder gestalten Sie die Verzierung nach Ihren Wünschen. Die Seidenbänder können Sie mit einer Zwillingsnadel in einem Arbeitsgang aufsteppen oder beidseitig schmalkantig mit einer normalen Nadel Geradstiche nähen. Nachdem alle Linien gesteppt sind, schneiden Sie den Stoff auf 75 x 63 cm zu.

Bestickend schöner Tischschmuck

3 Legen Sie die jeweiligen Rückteile rechts auf rechts auf die Vorderteile und steppen Sie rundum eine 1,5 cm breite Naht mit einem Schlitz zum Wenden. Die Teile wenden und die Kanten bügeln. Legen Sie eine weiße an eine rote Kante und wählen Sie einen breiten Zierstich, der über beide Kanten reicht. Die Teile mit Kontrastfarbe zusammensteppen. Alle Teile des Läufers mit diesem Stich zusammenfügen.

Tischset und Servietten besticken

Zeichnen Sie das Doldenmotiv von der Vorlage mit Filzstift auf die Stickfolie durch. Die Vorlage auf das Set legen und mit weißem Maschinenstickgarn nachsticken. Die Servietten besticken Sie mit dem gleichen Motiv in Rot.

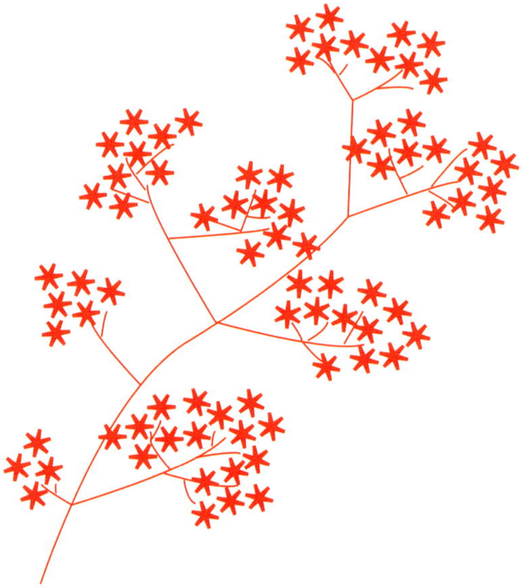

Immerblühende Deko-Rosen

Mit den immerblühenden Rosen aus Seide oder Baumwolle erhält jede Tafel einen Hauch von Romantik. Ob festlich oder elegant: Die Rosen zieren Servietten und Kerzenständer, Sie können sie auch locker zwischen Asparagus- oder Efeuranken auf dem Tisch verteilen.

Das brauchen Sie

Vorlage Schnittmusterbogen A (rosa)

Pro Rose mit 3 Blättern

- 0,15 m Baumwolle oder Seide in Rosa- oder Rottönen, 90 cm breit
- Reste von unifarbenen oder grün gemusterten Baumwollstoffen
- Nähfaden

Tipp

Sie können diese hübsche Seidenrose auch als Brosche verwenden. Nähen Sie dazu auf der Rückseite einen schmalen Filzstreifen und eine Sicherheits- oder Broschennadel an. Wenn Sie stattdessen von hinten einen Haargummi an der Rose befestigen, dient sie als individueller Haarschmuck.

So wird's gemacht

Zuschneiden pro Rose: Schnittteil Blüte 2 x, Blatt 6 x.

1 Legen Sie je 2 Schnittteile für die Blüte rechts auf rechts aufeinander und nähen Sie die Teile 0,5 cm breit aufeinander, dabei an der unteren Kante einen etwa 10 cm langen Schlitz zum Wenden offen lassen. Die Nahtzugaben an den Ecken schräg wegschneiden. Die Nähte bügeln, die Teile wenden und die Kanten ausformen. Erneut bügeln, dabei die Nahtzugaben an den Schlitzen nach innen falten. Entlang der unteren Kante der Rose eine Reihnaht (Stichlänge 5–7 mm) steppen und auf die halbe Länge einreihen. Die Rose aufrollen, dabei die Wicklungen an der Unterkante mit einigen Handstichen fixieren, abschließend durch alle Stofflagen mit Handstichen aufeinandernähen. Die oberen Kanten der Rosenblätter teilweise nach außen klappen.

2 Legen Sie je zwei Schnittteile der Blätter rechts auf rechts und steppen Sie die Kanten mit einem 3 cm langen Schlitz 0,5 cm breit aufeinander. Die Nahtzugaben an der Spitze zurückschneiden, die Naht bügeln, das Blatt wenden, ausformen und erneut bügeln. Jeweils 3 Blätter mit Handstichen unter der Rose annähen.

Romantische Bettwäsche

Feine Stoffe, möglichst mit Monogramm: Romantische Bettwäsche ist gefragt wie selten zuvor. Noch verführerischer wird diese, wenn Spitze und individuelle Stickereien mit im Spiel sind.

Das brauchen Sie

Kissen 80 x 80 cm und Bettbezug 140 x 210 cm

Kissen und Bezug

- 2,30 m hellblauer Baumwollbatist mit ca. 10 cm breiter Stickereikante, 150 cm breit
- 0,90 m weißer Baumwollbatist mit flächigem Stickereimotiv, 150 cm breit
- 4,30 m weißer Baumwollbatist, 150 cm breit
- 4 Wäscheknöpfe
- Nähfaden in Hellblau und Weiß

So wird's gemacht

Kopfkissen

Zuschneiden: Kopfkissenvorderseite in Weiß mit Stickerei und Hellblau: 82 x 82 cm; Kopfkissenrückseite in Hellblau: 2 x 48,5 x 82 cm; Stehsaum in Hellblau: 4 x 12 x 102 cm.

1 Die Längskanten der Stehsaumstreifen längs links auf links falten und bügeln. Mit dem Geodreieck von den Bruchkanten der Enden weg zu den eingebügelten Kanten je einen 45-Grad-Winkel markieren. Die Ecken entlang dieser Markierung wegschneiden. Die Streifen anschließend wieder auffalten und jeweils zwei Enden rechts auf rechts legen und bis zur 1 cm breiten Nahtzugabe aufeinandersteppen. Die Nahtzugaben zurück-, an den Ecken schräg wegschneiden und auseinanderbügeln. Alle 4 Ecken des Stehsaums so arbeiten.

2 Bügeln Sie an den beiden Kissenrückseiten jeweils eine der kürzeren Kanten zweimal je 3 cm auf die linke Seite und steppen Sie diese schmalkantig ab. Arbeiten Sie in eine der abgesteppten Knopfblenden 4 Knopflöcher ein. Stecken Sie die zweite Knopfblende deckungsgleich unter die Knopflochblende und nähen Sie Knöpfe an den entsprechenden Stellen an. Die Knöpfe schließen und die Teile aufeinanderstecken.

3 Für das Kissenvorderteil das weiße auf das hellblaue stecken und rundum 0,5 cm breit aufeinandersteppen. Das Vorderteil rechts auf rechts auf das Rückteil stecken und die offenen Kanten des Stehsaums dazwischenlegen. Stecken und heften und die Naht rundum 1 cm breit steppen. Das Kissen wenden.

Bettbezug

Zuschneiden: weißer Batist: 224 x 142 cm (Vorderseite), 204 x 142 cm (Rückseite); Stickereikante: 22 x 142 cm (Blende).

Bügeln Sie eine Schmalseite der Vorderseite 1 cm und noch einmal 2 cm auf die linke Seite, diese Kante schmalkantig feststeppen. Diese Kante 20 cm breit rechts auf rechts klappen, bügeln und die Seiten aufeinanderstecken. Die Rückseite an einer Kante zweimal je 1 cm breit umbügeln und feststeppen. Rückseite rechts auf rechts auf die Vorderseite stecken, dabei an der oberen Kante die Stickereiblende dazwischenlegen. Beide Längs- und die Querkante 1 cm breit steppen, wenden.

Kuschelplaid fürs Kinderbett

Hat sich Nachwuchs angesagt oder suchen Sie vielleicht noch ein ganz besonderes Geschenk fürs Baby der besten Freundin? Oft ist es die erste Kuscheldecke, die uns ein Leben lang begleitet, weil sie mit viel Liebe und noch mehr Vorfreude auf den kleinen Erdenbürger gemacht wird.

Das brauchen Sie

Vorlage Schnittmusterbogen A (orange)
(entspricht Größe ca. 0,72 x 1,00 m)

Baumwollstoffe, 140 cm breit:

- je 0,20 m hellblau-weißes Karo und Pepita
- 0,25 m in Orange-weiß gestreift
- 0,30 m in Gelb
- 0,20 m in Royalblau
- 1,25 m in Orange
- 0,70 m Volumenvlies, 140 cm breit
- 0,50 m beidseitig beschichtete Thermofolie
- Nähfaden in passender Farbe
- Maschinenstickgarn in passenden Farben

So wird's gemacht

Zuschneiden: Rückseite in Orange 70 x 98 cm; 16 x 16 cm große Quadrate, je 8 x in hellblauem Karo, gestreiftem und gelbem Stoff, 6 x aus Pepita, 5 x in Orange; Volumenvlies: 70 x 98 cm.

1 Zeichnen Sie die Motive für die Applikationen auf die Thermofolie durch: 3 x Schmetterling, 3 x Blumentopf, 3 x Küken, 2 x Gießkanne, 2 x Krone. Bügeln Sie die grob ausgeschnittenen Folien auf die entsprechenden Farben der Stoffe auf. Schneiden Sie die Motive entlang der Konturen aus, die Folie von der Rückseite abziehen. Platzieren Sie die Motive probeweise auf den Stoffquadraten und bügeln Sie die Motive auf.

2 Steppen Sie die Flügel des Schmetterlings entlang der Konturen mit engem Zickzackstich auf (Stichlänge 0,25 mm, Stichbreite 1–2 mm). Die Kreise auf den Flügeln mit Geradstich nähen. Die Querstreifen des Körpers zeichnen Sie mit Lineal auf und steppen diese mit engem Zickzack nach.

3 Applizieren Sie zuerst das Herz auf die Gießkanne, anschließend die Gießkanne auf das Quadrat aufsteppen. Applizieren Sie das Küken und die Füße auf das Stoffquadrat. Steppen Sie den Flügel und das Auge mit Geradstich auf. Die Füße verbinden Sie mit engem Zickzackstich mit dem Körper. Die Motive „Krone" und „Blumentopf" auf die Quadrate applizieren und mit engem Zickzackstich umranden.

4 Legen Sie die Quadrate entsprechend der Vorlage auf den Tisch. Die Kanten der ersten beiden Quadrate rechts auf rechts legen und 1 cm breit steppen. Die Nahtzugaben auseinanderbügeln. Alle 5 Stoffquadrate der 7 Reihen miteinander verbinden, anschließend die Reihen zur Fläche zusammennähen. Legen Sie das Volumenvlies mittig auf die orangefarbene Rückseite, darüber die Patchworkdecke. Die orangefarbene Rückseite steht rundum 3 cm über. Verbinden Sie alle drei Lagen mit Heftstichen. Die Quadrate entlang der Nähte mit der Maschine absteppen.

5 Bügeln Sie die Kanten des orangefarbenen Stoffes rundum zweimal je 1,5 cm auf die Oberseite des Plaids. Die Kanten rundum stecken und heften und von rechts schmalkantig durch alle Lagen steppen.

Nähen für Kinder

Alles in Ordnung: Baby-Utensilo

Damit man alles gleich zur Hand hat: Das praktische Utensilo an Babys Bettchen bietet viel Platz für Tägliches und natürlich auch für den Lieblingsteddy! Und kann, dank praktischer Schlaufenlösung, auch ohne Probleme mit Baby auf große Reise gehen.

Das brauchen Sie

- 0,70 m weiße oder cremefarbene Baumwolle, 90 cm breit
- 0,70 m weißes Volumenvlies, 140 cm breit
- Stoffreste in Blau und Grün-weiß kariert
- 3 große, weiße Knöpfe
- Nähfaden

Größe 40 x 60 cm

So wird's gemacht

Zuschneiden: weißer Stoff und Volumenvlies: 2 x je 48 x 62 cm (Vorder- und Rückseite); Taschen aus Stoffresten: 4 x je 22,5 x 17 cm; blauer Stoff und Vlieseline: 3 x je 25 x 12 cm. Vlieseline auf die Vorder- und Rückseite sowie die Streifen bügeln.

1 Bügeln Sie eine Querkante der Taschen 0,5 cm und noch einmal 2 cm auf die linke Seite. Die Kante schmalkantig feststeppen. Die übrigen Kanten versäubern und 1 cm breit auf die linke Seite bügeln. Stecken Sie die Taschen mit 3 cm Abstand zur unteren Kante und mit 2 cm Abstand zur Mittellinie auf der Vorderseite fest. Die oberen Taschen mit 6 cm Abstand über den unteren feststecken. Steppen Sie die Taschen entlang der Längs- und der unteren Querkante schmalkantig auf die Vorderseite.

2 Legen Sie die Vorderseite rechts auf rechts auf das Rückteil und verstürzen Sie die Kanten 1 cm breit, dabei einen Schlitz zum Wenden offen lassen. Die Nahtzugaben an den Ecken schräg wegschneiden und das Utensilo wenden. Die Kanten bügeln, dabei die Nahtzugaben am Schlitz nach innen falten. Rundum schmalkantig absteppen. Steppen Sie mit einer Kontrastfarbe parallel zu den seitlichen Längskanten mehrere Zierstichlinien auf das Utensilo.

3 Die Streifen rechts auf rechts falten und an den Enden Spitzen bis zur Nahtzugabe anzeichnen. Die Streifen mit einem Wendeschlitz verstürzen. Die Nahtzugaben zurück-, an den Ecken schräg wegschneiden. Die Streifen wenden und bügeln, rundum schmalkantig absteppen. Zur Hälfte falten, 6 cm breit über das Utensilo schieben und mittig und mit gleichem Abstand feststecken. Mit je einem großen Knopf festnähen.

Das Knopfannähfüßchen

Wenn Ihre Nähmaschine über dieses Sonderzubehör verfügt, können Sie damit Knöpfe jeder Größe haltbar annähen. Versenken Sie den Stofftransport und stellen Sie den Zickzackstich ein, die Breite des Stichs stimmen Sie auf den Lochabstand des Knopfes ab.

Kuschelschaf als Glücksbringer

Das Kleeblatt in der Schnauze soll Glück bringen, das Lämmchen glückliche Stunden bescheren. Was garantiert gelingt, denn weicher Wollstoff verführt geradezu zum Kuscheln, daheim wie unterwegs. Der Glücksbringer hat nicht nur eine handliche Größe, er ist auch lammfromm!

Das brauchen Sie

Vorlage Schnittmusterbogen A (grün)

- 0,60 m grober Wollstoff in Weiß
- 0,25 m weißer Frottee- oder Nickistoff, 90 cm breit
- 0,25 m dunkelbrauner Frottee, 90 cm breit
- 0,15 m hellbrauner Frottee, 90 cm breit
- Reste von weißem und schwarzem Jersey für die Augen
- Rest Baumwollstoff in Grün
- 1 Beutel Füllwatte
- Nähfaden in entsprechenden Farben
- Textilmarker
- beidseitig beschichtete Thermofolie
- Stickfolie

So wird's gemacht

Vorbereiten: Alle Applikationen 2 x auf die Thermofolie durchzeichnen, mit grobem Umriss ausschneiden und auf die Rückseite der entsprechenden Stoffe aufbügeln: Auge in Weiß, Pupille in Schwarz, Nasenlöcher in Hellbraun.

Zuschneiden: aus Strickstoff: Körper, Schwänzchen und Stirnfell je 2 x; dunkelbrauner Frottee: Beine 8 x und äußeres Ohr 2 x; weißer Nickistoff: Gesicht 1 x; hellbrauner Frottee: inneres Ohr 2 x; grüne Baumwolle: Kleeblatt 2 x.

1 Schneiden Sie die gebügelten Teile aus und platzieren Sie Augen und Nasenlöcher auf dem Gesicht. Durch Bügeln fixieren. Umnähen Sie die Applikationen mit dem jeweilig passenden Garn und engem Zickzackstich (Stichlänge 0,2 mm, Stichbreite 2,5 mm).

2 Legen Sie je zwei Beinteile rechts auf rechts und nähen Sie die Längsseiten und die Fußsohlen aufeinander. Die Nahtzugaben zurückschneiden, die Beine wenden und die Füße mit Füllmaterial ausstopfen. Die Hufe mit Textilmarkierer vorzeichnen und mit Geradstich doppelt nachsteppen, nun vollständig mit Füllmaterial ausstopfen. Alle vier Beine nähen.

3 Die Schwanzteile rechts auf rechts legen, in Nahtzugabenbreite aufeinandersteppen. Die Nahtzugaben zurückschneiden und das Schwänzchen wenden, mit Füllmaterial auffüllen. Auch die Stirnteile rechts auf rechts legen und mit einem Schlitz zum Wenden rundum verstürzen. Die Nahtzugaben zurückschneiden und die Stirn wenden, locker mit Füllmaterial stopfen, den Schlitz mit Nadeln schließen. Jeweils eine Ohraußenseite rechts auf rechts auf eine Ohrinnenseite legen. Die Kanten verstürzen, Nahtzugaben zurückschneiden, die Ohren wenden.

4 Mit dem Textilmarker die Innenlinien auf eine Seite des Kleeblatts zeichnen. Legen Sie die Kleeblattteile links auf links und steppen Sie die Kanten und Innenlinien in Grün mit engem Zickzackstich (Stichlänge 0,2 mm, Stichbreite 2,5 mm). Den überstehenden Stoff am Zickzack wegschneiden.

5 Legen Sie die Körperteile rechts auf rechts und steppen Sie die Kanten aufeinander, dabei alle eingezeichneten Öffnungen für Beine und Schwänzchen offen lassen. Den Körper wenden und den Kopf mit Füllmaterial füllen. Steppen Sie die Trennlinie zwischen Kopf und Körper mit Geradstich in Weiß. Den Mund aufzeichnen und steppen.

6 Den Körper großzügig mit Füllmaterial stopfen. Die Beine und das Schwänzchen in die Öffnungen stecken und mit der Hand annähen. Ohren, Stirnfell und Kleeblatt von Hand annähen, gleichzeitig die noch offenen Wendeschlitze schließen.

Tierisch gut: Exotische Hockerkissen

Keine Angst vor wilden Tieren, besonders wenn sie, so gezähmt, im Kinderzimmer Platz genommen haben. Krokodil, roter Bär und Spitzmaus aus kuscheligem Frotteestoff machen Holzhocker bequemer und sind darüber hinaus absolut ungefährliche Spielkameraden.

Das brauchen Sie

Vorlage Schnittmusterbogen A (rot)
(entspricht Größe 30 x 40 cm)

- je 0,50 m Frottee- oder Baumwollstoff in Gelb, Grün oder Rot, 90 cm breit
- pro Hocker 0,50 m aufbügelbares Volumenvlies, 90 cm breit
- Rest Nickistoff in Orange (Maus)
- Rest Seide in Grün und Gelb (Krokodil)
- Wollfäden in Gelb (Krokodil)
- Filzreste in Schwarz, Braun und Weiß
- 1,0 m Tresse oder Baumwollband
- pro Sitzbezug etwa 0,30 m beidseitig beschichtete Thermofolie
- 0,10 m Klettband
- Nähfaden in passenden Farben
- Maschinenstickgarn in Orange, Braun, Weiß und Schwarz
- evtl. Applikationsfuß
- Textilmarker

Zuschneiden

- Teile 1–4 je 1 x im Stoffbruch
- Teile 5 und 6 je 2 x
- Teile 1–6 aus Volumenvlies
- Bindeband, 6 x 40 cm
- alle Teile mit 1,5 cm Nahtzugabe zuschneiden

So wird's gemacht

Gelbe Spitzmaus

Zuschneiden: Die Teile vom Schnittmusterbogen am Kopierer vergrößern. Gelber Frottee: Rumpf und Schnauze je 2 x, Ohren 4 x; orangefarbener Nicki: Füße 8 x, Schwanz 2 x; Volumenvlies: Rumpf und Schnauze 1 x, Füße 4 x, Ohren 2 x; Filz: Auge 2 x (weiß), Pupille 2 x (schwarz), Nase 1 x (braun); an allen Kanten 1 cm Nahtzugaben zugeben.

1 Zeichnen Sie die Teile der Augen und die Nase auf Thermofolie durch und bügeln Sie sie grob ausgeschnitten auf die Rückseiten der entsprechenden Filzteile. Die Teile entlang der Konturen ausschneiden. Das Trägerpapier abziehen und entsprechend der Vorlage auf Rumpf und Kopf aufbügeln. Umnähen Sie die Teile mit den entsprechenden Farben des Maschinenstickgarns mit engem Zickzackstich (Stichlänge 0,3 mm, -breite 2,5 mm). Zeichnen Sie die Rückenstreifen und Haare mit dem Textilmarker auf und übernähen Sie sie ebenfalls mit eng eingestelltem Zickzackstich.

2 Bügeln Sie das Volumenvlies auf die Rückseiten der jeweiligen Oberteile der Füße, Schnauze, Rumpf und Ohren. Legen Sie die Zuschnitte rechts auf rechts, verstürzen Sie die Füße, Schnauze, Ohren und den Schwanz, dabei bleiben die Ansatznähte offen. Die Nahtzugaben zurückschneiden und an den Ecken schräg wegschneiden. Alle Teile wenden, die Kanten ausformen und bügeln.

3 Zeichnen Sie die Linien für Innenohr und Querstreifen mit dem Textilmarker auf die Ohren und den Schwanz. Steppen Sie sie mit orangefarbenem Maschinenstickgarn mit engem Zickzackstich (siehe Schritt 1) auf. Stecken Sie die Ohren an den eingezeichneten Stellen auf den Rumpf und steppen Sie die offenen Kanten mit engem Zickzackstich auf.

4 Stecken Sie die Schnauze, die Beine und den Schwanz rechts auf rechts auf die Schnittkanten des oberen Rumpfteiles. Teilen Sie die Tresse in vier gleich lange Teile und stecken Sie jeweils ein Ende rechts auf rechts an die markierten Stellen am Rumpf. Legen Sie das untere Rumpfteil rechts auf rechts auf das obere und verstürzen Sie es. Dabei am Kopf einen Schlitz zum Wenden offen lassen. Den Rumpf wenden, die Kanten bügeln und die Öffnung mit Handstichen oder einer Steppnaht am Ansatz der Schnauze schließen. Das Kissen auf den Hocker legen und die Verschlussbänder um den Hocker legen. Die Bänder sollen 5 cm übereinanderragen, dafür evtl. kürzen. Auf die Enden die Klettbandhälften aufnähen.

Grünes Krokodil

Zuschneiden: Die Teile vom Schnittmusterbogen am Kopierer vergrößern. Grüner Jersey: Rumpf, Maul und Schwanz je 2 x, Einzelzacken je 8 x, 5er-Zacken je 4 x; gelber Stoff: Füße 8 x; grüne Seide: Rückenteil 11 x 26 cm; Volumenvlies: Rumpf, Kopf und Schwanz 1 x, Füße 4 x, Zacken einzeln je 4 x, 5er-Zacken je 2 x; Filz: Auge 2 x (weiß), Zähne 18 x (weiß), Pupille 2 x (schwarz); alle Teile mit 1 cm Nahtzugabe zuschneiden.

1 Arbeiten Sie Augen und Nasenlöcher (Gelbe Spitzmaus, Schritt 1). Zeichnen Sie das Augenlid auf und steppen Sie es mit engem Zickzackstich in Schwarz. Bügeln Sie Thermofolie auf die Rückseite der grünen Seide und anschließend die Rückseite auf den oberen Rumpfzuschnitt. Das Schuppenraster auf die Seide übertragen. Legen Sie je 3 Wollfäden (4 cm länger als der Seidenzuschnitt) entlang der Markierungen dicht aneinander; 1 gelben, 1 orangefarbenen und 1 gelben. Die Fäden mit Zickzack- oder Zierstich (Länge 2 mm, Breite 7 mm) übersteppen (siehe Hinweis Kordelfuß). Anfang und Ende der Nähte verriegeln. Die Wollfäden als kurze überstehende Fransen abschneiden.

2 Volumenvlies auf die entsprechenden Teile aufbügeln und die Füße, einzelnen Zacken, 5er-Zacken, alle Zähne und den Schwanz verstürzen (Gelbe Spitzmaus, Schritt 2). Die Zähne rechts auf rechts entlang der Schnittkanten des Mauls legen und den Kopf entlang der Rundung verstürzen. Alle Nahtzugaben der verstürzten Teile zurück- und an den Rundungen einschneiden, die Teile wenden und die Kanten bügeln. Alle Teile, auch die Verschlussbänder, entsprechend der Vorlage auf das obere Rumpfteil rechts auf rechts legen, stecken und mit dem unteren Rumpfteil verstürzen, dabei am Schwanz einen Schlitz zum Wenden offen lassen (Gelbe Spitzmaus, Schritt 4). Das Krokodil wenden und die Kanten bügeln. Die Öffnung verschließen und die Klettbänder aufnähen.

Der Kordelfuß

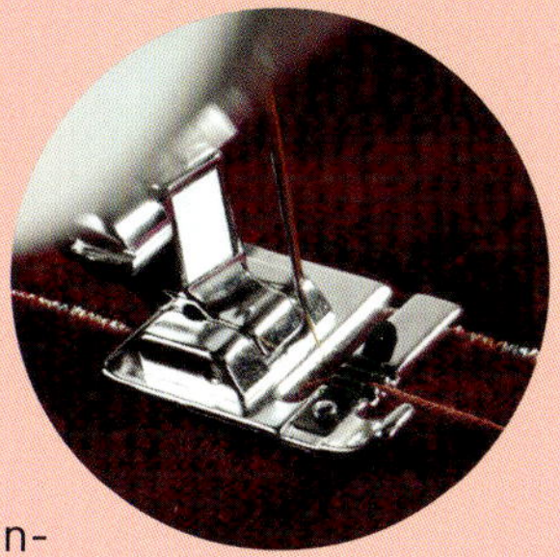

Für einen plastischen Effekt läuft beim Kordelfuß ein Einlauffaden mit, der im Füßchen eingefädelt und mit dichtem Zickzackstich überstochen wird. Der Fuß führt das Einlaufgarn gleichmäßig mit der Naht mit, durch Kurven, Rundungen und alle Ecken.

Roter Bär

Zuschneiden: Die Teile vom Schnittmusterbogen am Kopierer vergrößern. Roter Frottee: Rumpf und Schwanz je 2 x, Ohren 4 x, Tatzen 8 x; Filz: Schnauze 2 x (braun), Augenweiß 2 x (weiß), Pupille 2 x und Nase vorn 1 x (schwarz); Volumenvlies: Rumpf, Schnauze und Schwanz je 1 x, Tatzen 4 x, Ohren 2 x; alle Teile mit 1 cm Nahtzugabe zuschneiden, das Rechteck für den Hocker auf 30 x 40 cm ergänzen.

Bereiten Sie die Applikationsteile vor. Die Kopflinie und die Haare steppen (siehe Gelbe Spitzmaus, Schritt 1). Auf die Füße, Schnauze, Ohren und den Schwanz Volumenvlies bügeln und verstürzen (siehe Gelbe Spitzmaus, Schritt 2). Alle Innenzeichnungen und die Krallen mit Zickzackstich in Schwarz aufsteppen; die Ohren auf den Rumpf stecken und aufnähen (siehe Gelbe Spitzmaus, Schritt 3). Die übrigen Teile entsprechend der Markierungen auf den Rumpf stecken und verstürzen, dabei am Kopf einen Schlitz zum Wenden offen lassen. Die Verschlussbänder arbeiten und den Schlitz zunähen (siehe Gelbe Spitzmaus, Schritt 4).

Schöne Kindergartentaschen

Diese Kindergartentaschen sehen nicht nur richtig cool aus, sie sind auch so individuell, dass man sie absolut nicht verwechseln kann. Dabei bieten sie genügend Platz für alles, wenn Spielpause angesagt ist: Vesperbrot, Obst und eine kleine süße Überraschung!

Das brauchen Sie

Türkisfarbene Tasche

- 0,30 m Filz in Türkis, 4 mm dick
- Reste von beigem und kariertem Stoff
- Rest grüner Filz
- 0,12 m beidseitig beschichtete Thermofolie
- Nähfaden
- blaues Handnähgarn

Größe 14 x 20 cm

Pinkfarbene Tasche

- 0,50 m Filz in Pink, 4 mm dick, 140 cm breit
- Rest Filz in Grün, 4 mm dick
- 0,40 m Bordüre mit Pilzen, 1,3 cm breit
- Rest pinkfarbenes Vichykaro
- 0,15 m rot kariertes Schleifenband, 0,5 cm breit
- Nähfaden

Größe 18 x 24 cm

So wird's gemacht

Türkisfarbene Tasche

Zuschneiden: türkisfarbener Filz: 2 x je 23 x 20 cm (Vorder- und Rückseite); 63 x 6 cm (Seitenstreifen mit Boden); 2 x je 57 x 3 cm (Träger).

1 Zeichnen Sie einen Halbkreis mit 15 cm Ø und ein 15 cm breites und 9 cm hohes Dreieck auf die Thermofolie und schneiden Sie die Teile grob aus. Auf die Rückseite der entsprechenden Stoffreste bügeln und entlang der Konturen ausschneiden. Mittig auf die Taschenvorderseite aufbügeln und rundum mit Zickzackstich aufsteppen. Den kleinen Wimpel als spitzes Dreieck ausschneiden und mit Handstichen aufnähen.

2 Den Seitenstreifen rechts auf rechts auf die Seiten- und untere Kante des Taschenvorderteils stecken, dabei die Nahtzugabe des Seitenstreifens an den Ecken 1 cm tief einschneiden. Das Taschenvorder- und Rückteil jeweils 1 cm breit auf den Seitenstreifen fortlaufend aufsteppen. Die Nahtzugaben 0,5 cm breit zurückschneiden.

3 Die Henkel mit 4 cm Abstand zur Mitte auf die Taschenoberkanten stecken und mit einem Kreuz aufsteppen. Die Henkelkanten schmalkantig absteppen.

Schöne Kindergartentaschen

Pinkfarbene Tasche

Zuschneiden: pinkfarbener Filz: 50 x 34 cm (Tasche), 24 x 30 cm (Taschenklappe), 110 x 3 cm (Trageriemen); grüner Filz: 24 x 2 cm (Klappenstreifen); Vichykaro: Kreis mit 10 cm Ø (Rosette). Den Riemen mit der Zickzackschere und die Vorderkante der Taschenklappe mit der Wellenschere schneiden.

1 Legen Sie unter die Wellenkante der Taschenklappe den grünen Streifen, sodass dieser 1 cm hervorschaut und steppen Sie diesen 1 cm oberhalb der Kante auf. Parallel zu dieser Steppnaht mit 1,5 cm Abstand die Bordüre beidseitig schmalkantig aufsteppen.

2 Steppen Sie mit 0,5 cm Abstand entlang der Längskanten des Trageriemens mit Zickzackstich (Stichlänge 0,7 mm, Stichbreite 2,5 mm) Ziernähte, die gleichzeitig den Riemen stabilisieren. Die Taschenklappe mit 14 cm Abstand zur oberen Taschenkante und beidseitig 2 cm Abstand zu den Längkanten links auf rechts auf das Taschenteil stecken. Dabei zwischen Klappe und Tasche beidseitig die Riemen dazwischenschieben. Die Klappe 1 cm breit aufsteppen, dabei die Riemen mitfassen. Zusätzlich mit einer senkrechten Mittelnaht die Klappe auf der Tasche stabilisieren.

3 Vorderes und rückwärtiges Taschenteil rechts auf rechts falten und die Seitennähte 1 cm breit steppen. Eine Seitennaht auf den Boden drücken und mit 3 cm Abstand quer absteppen.
Die gegenüberliegende Ecke genauso arbeiten. Die Nahtzugaben zurückschneiden und die Tasche wenden. Klettband unter die Taschenklappe und das Gegenstück auf die Tasche nähen.

4 Für die Rosette die Außenkanten mit Vorstichen umnähen und den Faden fest anziehen. Die Fadenenden verknoten und auf den Kreismittelpunkt drücken, die Außenkanten zum Kreis zupfen. Auf der Tasche mit einem Schleifchen aufnähen.

Schön bestickt: Freizeitanzug

Dieser gemütliche Kinder-Hausanzug ist ideal zum Spielen für Zuhause, zum Toben im Garten oder einfach nur zum Kuscheln und Lesen auf dem Sofa geeignet. Die hübschen Stickapplikationen an Hose und Oberteil machen ihn zum individuellen Einzelstück.

Das brauchen Sie

Vorlage Schnittmusterbogen B (grün)
(entspricht Größe 110/116)

- 1,20 m elastischer Nicky- oder Frotteestoff in Grün, 140 cm breit
- Nähfaden in Grün
- Maschinenstickgarn in Gelb, Violett-Weiß, Blau-Weiß und Blau
- Stickfolie
- Stickvlies
- weiches Elastikgummiband, 2 cm breit, Länge in Taillenweite plus 5 cm
- Sicherheitsnadel
- Zwillingsnadel
- Filzstift

So wird's gemacht

Zuschneiden: Vorder- und Rückteil, Blende von Vorder- und Rückteil je 1 x im Stoffbruch, Hosenbein 4 x, alle Teile zzgl. 1 cm Naht- und 4 cm Saumzugabe zuschneiden.

Vorbereiten: Zeichnen Sie das große Motiv 3-mal, das kleine 6-mal auf die Stickfolie mit Filzstift durch. Motive mit rundum 5 cm Zugabe grob ausschneiden.

1 Platzieren Sie die Motive wie auf dem Foto oder an beliebiger Stelle auf dem Vorderteil und den Hosenbeinen. Legen Sie Stickvlies unter den Stoff und sticken Sie die Blütenblätter und Kreise mit engem Zickzackstich (Stichlänge 0,25 mm, Stichbreite variabel von 0,3–4 mm) in den entsprechenden Farben nach (siehe Tipp). Die Stickfolie mit lauwarmem Wasser auswaschen.

2 Legen Sie je zwei Hosenteile rechts auf rechts und steppen Sie die inneren und äußeren Beinnähte 1 cm breit. Die Nahtzugaben auseinanderbügeln. Ein Hosenbein

Schön bestickt: Freizeitanzug

rechts auf rechts in das andere schieben. Steppen Sie die vordere und rückwärtige Mittelnaht 1 cm breit, Nahtzugaben auseinanderbügeln. Falten Sie die obere Kante entlang der Umbruchlinie nach links, stecken und bügeln Sie den Bund. Steppen Sie mit 2,5 cm Abstand zur oberen Kante mit der Zwillingsnadel eine Naht mit einer 3 cm langen Öffnung am Ende. Ziehen Sie den Taillengummi durch die Öffnung in den Bund und steppen Sie Anfang und Ende des Elastikgummis aufeinander. Die Hosenbeinsäume 4 cm zur linken Seite bügeln und von rechts mit der Zwillingsnadel 3 cm breit steppen.

3 Legen Sie Vorder- und Rückteil rechts auf rechts und steppen Sie die Schulternähte aufeinander. Nahtzugaben auseinanderbügeln. Stecken Sie die Ärmel mit den Armkugeln rechts auf rechts auf die Armausschnitte, dabei die Einsatzzeichen vorne und die Schultermitte beachten. Steppen Sie die Ärmelnähte 1 cm breit, die Nahtzugaben in Vorder- und Rückteil bügeln. Legen Sie Vorder-, Rückteil und Ärmel rechts auf rechts und steppen Sie die Ärmel- und Seitennähte durchgehend. Die Nahtzugaben auseinanderbügeln. Die Ärmelsaumkanten 4 cm breit zur linken Seite bügeln, von rechts mit der Zwillingsnadel 3 cm breit absteppen.

4 Legen Sie die vorderen und rückwärtigen Blenden rechts auf rechts und steppen Sie die Schulternähte 1 cm breit. Die Nahtzugaben auseinanderbügeln. Stecken Sie die Blende rechts auf rechts an den Ausschnitt, die Schulternähte liegen dabei übereinander. Steppen Sie die Blende 1 cm breit, die Nahtzugaben 0,5 cm breit zurückschneiden und die Blende zur linken Seite klappen. Entlang der Ausschnittkante bügeln und feststecken. Mit der Zwillingsnadel mit 2 cm Abstand von der rechten Seite steppen.

Tipp

Ist Ihnen das Sticken zu zeitaufwändig, können Sie fertige Stickapplikationen aufnähen oder selbst Applikationen aus Stoff aufbügeln und -steppen.

T-Shirt, Rock und Kopftuch

Zum Anlass das passende Outfit: Zur Kirschenernte geht's ganz stilecht mit applizierten Kirschen auf dem T-Shirt. Dazu farblich abgestimmt der Rock im Lagen-Look mit modischer Bindeschleife und das fröhlich gepunktete Kopftuch, das gleichzeitig auch vor zu viel Sonne schützt.

Das brauchen Sie

Vorlage Schnittmusterbogen B (rot)
(entspricht Größe 110/116)

Shirt

- T-Shirt, vorgewaschen
- Stoffreste, uni oder gemustert, am besten aus Baumwolle, ebenfalls gewaschen
- Rest beidseitig beschichtete Thermofolie
- Stickfolie
- Nähfaden in passender Farbe

Rock

- 0,70 m pink-weiß gemusterter Baumwollstoff, 140 cm breit
- 0,10 m blau-weiß gestreifter Baumwollstoff, 140 cm breit
- 0,90 m weiße Spitze, 2 cm breit
- Elastikgummi in Taillenweite plus 4 cm, 1,5 cm breit

So wird's gemacht

Shirt

Vorbereiten: Die einzelnen Teile des Motivs zunächst auf ein grob zugeschnittenes Stück Thermofolie mit Filzstift durchzeichnen.

1 Legen Sie die Thermofolie auf die Rückseiten der Baumwollstoffe, die Sie für die Applikation ausgewählt haben. Decken Sie die Folie komplett mit Silikonpapier oder einem separaten Stück Backpapier, das etwas größer als die Thermofolie ist, ab. Bügeln und die Motive entlang der aufgezeichneten Konturen ausschneiden.

2 Nun platzieren Sie alle Teile auf dem Shirt, z. B. die Blätter und die Kirschen. Legen Sie Silikon- oder Backpapier darüber und bügeln Sie die Teile wie vorher mit leichtem Druck auf das Shirt auf. Anschließend das gesamte Motiv auf der Rückseite mit Stickfolie unterlegen und die Konturen und die Kirschstiele mit engem Zickzackstich (Stichlänge 0,2 mm, Stichbreite 2,5–4 mm) aufsteppen. Die Stickfolie anschließend auswaschen.

T-Shirt, Rock und Kopftuch

Rock

Zuschneiden: pink-weiß gemusterter Stoff: 30 x 90 cm (Rockteil), 10 x 150 cm (Bindegürtel); blau-weiß gestreifter Stoff: 10 x 90 cm (Saumblende).

1 Falten Sie die Längskanten des Bindegürtels längs rechts auf rechts und steppen Sie eine Schmalseite und die Längskanten 1 cm breit aufeinander. Die Nahtzugaben zurück- und an den Ecken schräg wegschneiden. Den Gürtel wenden und bügeln, dabei die Nahtzugaben an der Schmalseite nach innen falten. Den Gürtel rundum schmalkantig absteppen.

2 Die Saumblende zum Ring schließen. Die Nahtzugaben versäubern und auseinanderbügeln. Die Längskanten der Blende ebenfalls versäubern. Bügeln Sie die Saumkante der Blende 2 cm breit auf die linke Seite und steppen Sie den Saum von rechts 1,5 cm breit.

3 Legen Sie die Schmalseiten des Rockteils rechts auf rechts und steppen Sie die Naht 1 cm breit. Die Nahtzugaben versäubern und auseinanderbügeln. Die obere und die Saumkante versäubern. Die obere Kante 2 cm breit umbügeln und mit 1,5 cm Abstand zur Bruchkante steppen, dabei an der Naht einen 2 cm breiten Schlitz für den Gummieinzug offen lassen. Die Saumkante 3 cm breit umbügeln. Die Spitze unter den Saumbruch stecken und schmalkantig rundum aufsteppen. Den Blendenstreifen rechts auf links 3 cm breit unter den Rocksaum schieben, Blendenkante und Saumkante liegen aufeinander. Die Blende unter dem Saum feststecken. Blende und Rocksaum in einem Arbeitsgang von rechts mit 2,5 cm Abstand zur Rocksaumkante feststeppen.

4 Ziehen Sie den Elastikgummi mit einer Sicherheitsnadel durch den Schlitz in den Rocktunnel ein, die Enden aufeinander feststeppen. Den Gürtel mittig über die Rocknaht stecken und mit einer senkrechten Naht feststeppen.

Kopftuch

Schneiden Sie aus einem 45 x 45 cm großen Quadrat entlang der Diagonalen ein Dreieck. Die beiden 45 cm langen Kanten 0,5 cm und noch einmal 1 cm auf die linke Seite bügeln und steppen. Die Längskanten des Schrägbands links auf links falten und bügeln. Schieben Sie das Schrägband über die Schnittkante der Diagonalen und steppen Sie es schmalkantig auf. Die Enden abschneiden.

Shirts, Shirts, Shirts

Shirts jeder Art lassen sich mit wenigen Stoffresten, Thermofolie und Nähfaden mit vielen verschiedenen Motiven aufpeppen, Ihrer Fantasie sind dabei keine Grenzen gesetzt. Beginnen Sie beim Aufbügeln immer mit dem untersten Teil, und zwar mit dem, das von allen anderen abgedeckt wird. Arbeiten Sie sich dann schichtenweise zum obersten Motivteil vor.

Die Motive wählen Sie am besten entsprechend dem Alter und den Vorlieben Ihres Kindes. Ihre Kinder werden begeistert sein! Der absolute Hit ist es, Kinderzeichnungen in Motive umzusetzen. Das werden in Zukunft absolute Lieblingsshirts!

Sommersonnenhut

Die Frage für die modebewusste junge Dame, ob mit oder ohne Hut, stellt sich nicht, wenn dieser so schick und mit mädchenhaften Farben und Mustern gemacht ist. Und Mamas freuen sich, denn die üblichen Diskussionen wegen des lästigen Sonnenschutzes erübrigen sich von selbst.

Das brauchen Sie

Vorlage Schnittmusterbogen B (rosa)
(entspricht Kopfumfang 56-58 cm)

- Tilda-Stoffe, 140 cm breit
- 0,20 m Baumwollstoff Paisley in Mint
- 0,20 m Baumwollstoff Rosen in Mint
- Baumwollrest in Rosa-Rot
- 0,20 m Gewebeeinlage, 90 cm breit
- 1,00 m Rosenband in Mint, 1 cm breit
- Nähfaden in Weiß

So wird's gemacht

Zuschneiden: Baumwollstoff Rosen und Paisley: Teil A je 6 x, Teil B je 2 x; Gewebeeinlage: Teil A 12 x, Teil B 4 x; alle Teile zzgl. 1 cm Nahtzugabe zuschneiden.

1 Bügeln Sie die Gewebeeinlage auf die linke Seite aller Stoffteile auf. Legen Sie je 2 Kopfteile rechts auf rechts und steppen Sie die Naht entlang einer schrägen Kante 1 cm breit. An der Spitze die Nahtzugabe offenlassen. Alle Teile des Kopfteils aneinandersetzen, ebenso die des Futterteils aus Rosenstoff. Die Nahtzugaben zurück- und senkrecht einschneiden, die Nahtzugaben auseinanderbügeln.

2 Legen Sie die Teile der Außen- und die Futterkrempe jeweils rechts auf rechts und steppen Sie die Schmalseiten 1 cm breit aufeinander. Die Nahtzugaben auseinanderbügeln. Beide Stoffringe rechts auf rechts stecken und die Außenkanten rundum 1 cm breit aufeinandersteppen. Die Nahtzugaben zurück- und senkrecht einschneiden, die Krempe wenden und die Rundung gut ausformen; die Außenkante entlang der Naht bügeln.

3 Die Futterkrempe rechts auf rechts auf den Futterhut stecken, die Naht 1 cm breit aufeinandersteppen, die Nahtzugaben auseinanderbügeln. Nähen Sie auch die äußere Hutkrempe und den äußeren Hut 1 cm breit aufeinander, dabei lassen Sie einen 8 cm langen Schlitz zum Wenden offen. Die Nahtzugaben auseinanderbügeln und den Hut durch den Schlitz wenden. Den Futterhut unter den äußeren Hut schieben, die Nähte liegen alle aufeinander. Die Krempe neben der Ansatznaht rundum aufeinanderheften.

4 Legen und stecken Sie das Rosenband über die Krempenansatznaht, beginnen und enden Sie dabei am Schlitz. Steppen Sie das Band beidseitig schmalkantig auf, dabei wird der Schlitz geschlossen. Legen Sie das Band zur Schleife und nähen Sie eine Stoffrose über der Schleife mit der Hand auf.

Leichtes Sommerkleid

Ein schickes Sommerkleid, mit dem sie genauso elegant ist wie Mama, möchte jede Tochter haben. Dehnbarer, weicher Stoff macht jede Unternehmung möglich, das strahlende Weiß lässt sich zudem gut waschen. So wird das Kleid schnell zum Lieblingsstück – für Mutter und Tochter.

Das brauchen Sie

Vorlage Schnittmusterbogen B (hellblau)
(entspricht Größe 104 bis 116)

- 0,60 m weißer elastischer Jersey-, Frottee- oder Nickistoff, 140 cm breit
- 2 Ösen mit 1 cm Ø
- 0,30 m weiße Tresse oder Schrägband
- 0,40 m Elastikgummi, 0,5 cm breit
- Nähfaden in Weiß
- Zwillingsnähnadel
- Sicherheitsnadel

So wird's gemacht

Zuschneiden: Rockvorderteil: 42 x 50 cm; Blende: 6 x 37 cm; Rückteil: 42 x 54,5 cm (alle Teile inkl. Nahtzugabe); Oberteil (Vorlage): 2 x zzgl. 1 cm Nahtzugabe.

1 Falten Sie die oberen Kanten des Rückteils 1,5 cm breit zur linken Seite und bügeln Sie die Kante. Steppen Sie mit 1 cm Abstand zur Bruchkante eine Tunnelnaht. Den Elastikgummi mit einer Sicherheitsnadel in den Tunnel ziehen, an einer Seite mit Zickzackstichen auf der Nahtzugabe fixieren. Auf 34 cm Weite zusammenziehen, die zweite Seite mit Zickzackstichen auf der Nahtzugabe fixieren und den überstehenden Gummi abschneiden.

2 In die Blende mit je 1,5 cm Abstand zur vorderen Mitte die Ösen einschlagen. Rockvorderteil entlang der oberen Kante auf die Blendenweite einreihen. Rechts auf rechts auf die Blende legen und die Naht 1 cm breit steppen. Die schrägen Außenkanten der Oberteile mit angeschnittenen Bindebändern 1 cm breit auf die linke Seite bügeln und von rechts mit der Zwillingsnadel steppen. Die unteren Kanten der Oberteile an der eingezeichneten Stelle einreihen, die Markierungen der vorderen Mitte links auf rechts übereinanderlegen und stecken. Rechts auf rechts auf die obere Blendenkante stecken und 1 cm breit steppen. Die Nahtzugaben der Ansatznaht und im weiteren Verlauf die der Blende in die Blende gerichtet bügeln. Von rechts mit der Zwillingsnadel feststeppen.

3 Vorder- und Rückteil rechts auf rechts legen und die Seitennähte 1 cm breit steppen und auseinanderbügeln. Den Saum 1,5 cm breit auf die linke Seite bügeln und von rechts mit der Zwillingsnadel steppen. Durch die beiden Ösen im Vorderteil die Litze fädeln, verknoten und die Enden der Bänder ebenfalls verknoten. Litze am Knoten abschneiden.

Kleine Nähkunde

Schnittvorlage und Zuschneiden

Eines der Modelle in unserem Buch hat es Ihnen angetan, und Sie möchten es möglichst gleich in die Tat umsetzen? Bei der Stoffauswahl dürfen Sie kreativ werden, den Schnitt sollten Sie aber sehr sorgfältig übertragen und ausschneiden.

Zum Auffinden der Vorlagen finden Sie am entsprechenden Modell einen Vermerk zu Bogenseite und Farbe (z.B. Schnittmusterbogen A, rot). Am unteren Rand der jeweiligen Schnittbogenseite finden Sie die Modellbezeichnung mit der entsprechenden Seite im Buch, die Schriftfarbe ist hier immer die gleiche wie die Farbe der Vorlage. Alle zusammengehörigen Teile einer Vorlage sind ebenfalls in der gleichen Farbe angelegt. So lassen sich die übrigen Linien anderer Schnittteile in anderen Farben ganz schnell „ausblenden".

Legen Sie Schnittpapier unter den Schnittbogen. Dazwischen platzieren Sie Schneiderkopierpapier, und zwar mit der beschichteten Seite nach unten. Fahren Sie nun mit dem Kopierrädchen oder einem Bleistift alle Konturen eines Schnittteiles in gleicher Farbe bzw. in Ihrer Größe nach. Übertragen Sie auch die Innenlinien wie Abnäher, Fadenlauf und Bruchkanten. Ergänzen Sie entsprechend der Hinweise einzelne Teile, z.B. beim Hockerkissen die Rechtecke der Hockerauflage. Achten Sie darauf, dass Sie beim Kopieren der verschiedenen Teile das Schnittpapier immer so weit verschieben, dass die einzelnen Teile auf dem Schnittpapier neben- und nicht übereinanderliegen.

Profitipps fürs Zuschneiden

In Leder oder Lackstoffen hinterlassen Nadeln Löcher. Ersetzen Sie hier Stecknadeln durch Klebestreifen.

Für voluminöse Stoffe wie Fleece oder Strick sind Schwesternnadeln, die länger als Stecknadeln sind, besser geeignet.

Damit sehr glatte, dünne Stoffe wie Seide oder Viskose nicht verrutschen, fixieren Sie sie mit Klebeband auf dem Zuschneidetisch oder unterlegen Sie sie mit einer Tischdecke.

Den schrägen Fadenlauf finden Sie so: Ziehen Sie die Ecke einer Stoffbahn so nach unten zur Webkante, dass Schnittkante und Webkante aufeinanderliegen. Die dadurch entstandene Diagonale bügeln oder mit Kreide markieren.

Bei Stoffen mit „Strich" wie Samt oder Velours sollten Sie alle Teile mit gleicher Richtung zuschneiden, z.B. alle Säume zeigen in eine Richtung.

Bei auffälligen Mustern wie Karos oder Streifen unbedingt auf den Rapport achten.

Schnittvorlage und Zuschneiden

Schneiden Sie das Schnittteil entlang der Außenkonturen aus dem Schnittpapier aus. Anschließend schreiben Sie die Bezeichnung des Schnittteils und die Anzahl, wie oft das Teil aus Stoff zugeschnitten werden muss, auf das Papier. Markieren Sie gegebenenfalls Kanten, die am Stoffbruch angelegt werden müssen. Achten Sie auch darauf, dass Sie Belegteile, die in den Schnittteilen eingezeichnet sind, extra auf Papier übertragen. Alle Schnittteile aus Papier anfertigen.

Vorlagen für Applikationen wie z.B. Erdbeeren und Pilz können Sie direkt auf Applikationsfolie oder -vlies übertragen. Legen Sie die transparente Folie über das Motiv und zeichnen Sie die Konturen durch.

Kanten versäubern

Damit sie nicht ausfransen, werden alle offenen, von der Innenseite des Kleidungsstückes her sichtbaren Schnittkanten versäubert. Verdeckt liegende Schnittkanten brauchen in der Regel nicht versäubert werden.

Zackenschere

Das Versäubern mit der Zackenschere empfiehlt sich nur bei festen Stoffen, sehr locker gewebte sind für diese Art der Schnittkantenversäuberung nicht geeignet. Schneiden Sie dafür mit der Zackenschere den Stoff in gleichmäßigem Abstand zur Naht ab.

Zickzackstich

Mit dem Zickzackstich (Stichlänge und -breite ca. 2–3 mm) versäubern Sie Schnittkanten an Stoffen sowohl schnell als auch haltbar. Die Nahtzugaben von zwei Teilen werden entweder einzeln oder zusammengefasst versäubert.

Mit Zickzackstich abketteln
Schnittkanten im geraden oder schrägen Fadenlauf werden mit eng eingestelltem Zickzackstich, Stichlänge 0,2 mm, Stichbreite 1-5–2,5 mm, abgekettelt. Steppen Sie auf der Saumkante oder falten Sie die Zugabe um und steppen Sie entlang der Bruchkante. Anschließend die überstehenden Zugaben dicht an der Zickzackraupe wegschneiden. Im schrägen Fadenlauf kann die Kante auch gedehnt werden, das ergibt kleine Wellen.

Umgeschlagene Nahtzugaben

Bügeln Sie die Nahtzugaben auseinander. Schlagen Sie die Kanten der Stoffe jeweils etwa 3–5 mm auf die linke Seite und bügeln Sie den Bruch. Nun steppen Sie die Kanten jeweils dicht neben dem Bruch fest.

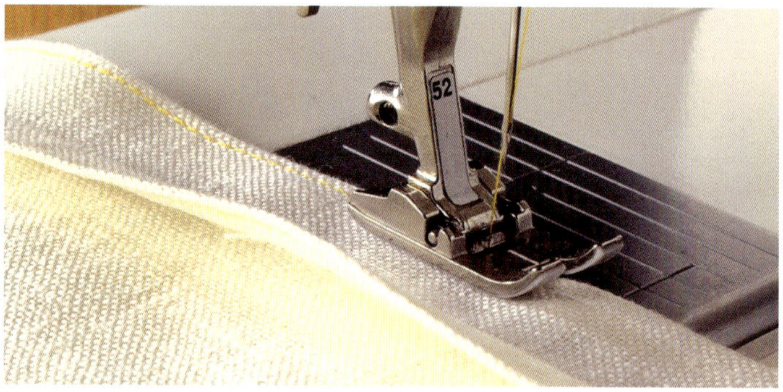

Mit Schrägband einfassen

Die Nahtzugaben ungefütterter Jacken und Mäntel werden mit Schrägband perfekt versäubert.

Fertig vorgefaltetes Schrägband

1 Stecken Sie das Band aufgefaltet rechts auf rechts auf die Stoffkante. Steppen Sie die Naht im Bügelbruch des Schrägbandes.

2 Klappen Sie das eingefaltete Schrägband um die Kante auf die linke Seite und stecken Sie es so fest, dass die Bruchkante 1 mm über die Nahtansatzkante hinausragt. Evtl. heften und von der rechten Seite aus in der Nahtansatzkante (= Nahtschatten) oder schmalkantig auf dem Schrägband steppen.

Schrägband selbst anfertigen
Mit einem sogenannten Schrägbandformer ist das Band im Handumdrehen passend zum Oberstoff gemacht.

1 Schneiden Sie das Band im schrägen Fadenlauf zu. Die Breite des Streifens richtet sich nach der Größe des Schrägbandformers. Für sehr lange Streifen setzen Sie mehrere Streifen durch Stückeln aneinander: Dafür die schrägen Schmalseiten der Bänder so aufeinanderlegen, dass Sie ein „V" im rechten Winkel bilden. Jetzt steppen Sie die gerade Seite, an der die Ecken jeweils ca. 0,5 cm überstehen. Anschließend die Nahtzugaben auseinanderbügeln und die überstehenden Ecken abschneiden.

2 Schieben Sie den Anfang des Bandes in den Schrägbandformer und ziehen Sie etwas Band durch. Das fertig gefaltete Band mit dem Bügeleisen fixieren, während Sie den Schrägbandformer am Bügel langsam weiter bis zum Bandende ziehen, das Bügeleisen folgt dem Former. Anschließend die längs laufenden Bruchkanten aufeinanderfalten und bügeln.

Säume

Säume sind Abschlusskanten, z. B. am Rock, am Ärmel, an einer Hose oder einer Bluse. Sie lassen sich auf unterschiedliche Arten nähen. Wagen Sie sich ruhig an den Saumstich der Nähmaschine, er ist genauso „unsichtbar" wie ein Handsaum, haltbarer und viel schneller genäht.

Nähmaschinen-Hohlsaum

Entscheidend beim Maschinensaum ist die Faltung der Saumkante. Legen Sie den Stoff nach dem vereinfachten Schema, das Sie auf jeden Saum übertragen können.

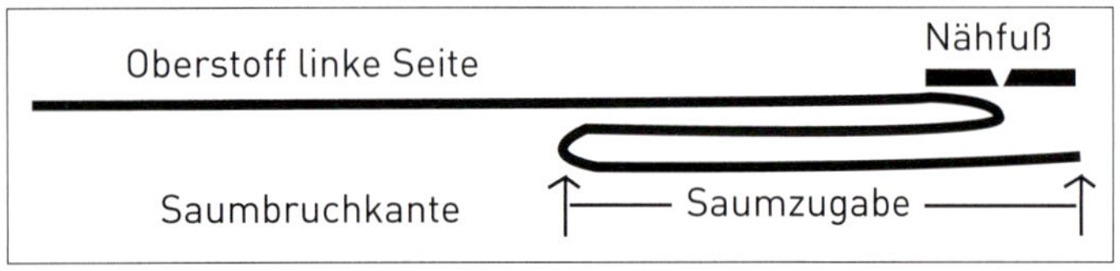

Die Stoffkante versäubern. Falten Sie die eingebügelte Saumbruchkante (= endgültige Länge des Saums) wie eine Ziehharmonika unter die rechte Stoffseite zurück, sodass die versäuberte Saumkante unter dem dadurch entstandenen Bruch 0,5 cm hervorschaut. Dann stellen Sie das Füßchen auf die linke Stoffseite, sodass die Einkerbung in der Mitte genau entlang des Bruches läuft. Der eingestellte Saumstich der Maschine steppt auf der Saumzugabe mehrere Geradstiche und zum Bruch hin einen Zickzackstich, der nur wenige Stofffäden des Oberstoffes entlang der Bruchkante aufnimmt.

Gesteppter Saum

Eine sportliche Wirkung hat der sichtbar gesteppte Saum. Die Saumzugabe auf die linke Seite bügeln und die Schnittkante zusätzlich 1 cm breit auf die linke Seite unterschlagen, ebenfalls bügeln. Steppen Sie den Saum rundherum schmalkantig ab.

Ist die Saumzugabe sehr schmal, versäubern Sie die Stoffkante mit Zickzackstich oder der Zackenschere. Bügeln Sie den Saum mindestens 0,75 cm breit um und steppen Sie ihn zum Bruch hin füßchenbreit (= 0,5 cm) fest.

Der gerundete Saum

Verläuft die Saumkante gerundet wie bei einem Glockenrock, muss die Weite entlang der Saumkante eingehalten werden. Steppen Sie eine Reihnaht mit 0,5 cm Abstand zur versäuberten Saumkante. Bügeln Sie den Saum um. Den Unterfaden der Reihnaht so weit anziehen, bis die Mehrweite flach auf dem darunterliegenden Stoff liegt. Achten Sie darauf, dass die Weite gleichmäßig verteilt ist. Die Mehrweite von der Saumkante aus einbügeln, es ergeben sich kleine Fältchen. Nun fixieren Sie den Saum von Hand oder mit der Maschine. Anschließend die Reihnaht entfernen.

Saum mit Briefecke

Diese Verarbeitung einer Saumecke ist bei dickeren Stoffen empfehlenswert, da die Nahtzugabe weggeschnitten wird. Die Schrägung der Ecknaht verläuft, bedingt durch die Breite der Nahtzugaben, in verschiedenen Winkeln.

1 Klappen Sie beide Saumkanten an der Ecke links auf links und bügeln Sie die Kanten ein. Ein Saum bleibt eingeklappt, der andere wird aufgeklappt. Markieren Sie die Breite des umgeklappten Saumes mit Kreide auf der Saumzugabe des offen liegenden Saumes. Dann den eingeschlagenen Saum wieder zurückklappen.

2 Markieren Sie wie vorher die Breite des zweiten Saumes auf der daran anstoßenden Saumzugabe und klappen Sie auch diesen Saum wieder auf.

3 Verbinden Sie die Endpunkte der Markierungen auf den Schnittkanten mit einer Linie, die durch die eingebügelte Ecke verläuft.

4 Legen Sie die Saumkanten rechts auf rechts aufeinander, sodass die schräge Markierungslinie von der gebügelten Ecke weg deckungsgleich aufeinanderliegt. Steppen Sie die Markierungslinie von der Ecke bis zur Stoffkante. Die Nahtzugaben bis 0,5 cm zur Naht und an der Ecke schräg wegschneiden. Die Nahtzugaben auseinanderbügeln.

5 Wenden Sie die Ecke auf die rechte Seite. Die Ecke gut ausformen und erneut bügeln.

Verschlüsse

Ob Jacke, Bluse, Mantel oder Hose, kaum ein Kleidungsstück kommt ohne Verschluss aus, und sei es auch nur zur Zierde. Die wichtigsten Verschlussarten sind Knöpfe und Reißverschlüsse. Dazu kommen Druckknöpfe zum Einschlagen, Haken und Ösen, Klettband und vieles mehr.

Knöpfe annähen

1 Das Fadenende mit einigen kleinen Stichen fixieren. Legen Sie den Knopf mittig auf und nähen Sie ihn durch die Löcher fest. Bei Knöpfen mit vier Löchern können Sie die Fäden in zwei Strängen nebeneinanderliegend oder im Viereck durchziehen. Es ist auch möglich, dass sich die Knopflochfäden überkreuzen.

2 Ist der Knopf fixiert, stechen Sie die Nadel auf der Oberseite des Stoffes unterhalb des Knopfes aus. Wickeln Sie den Nähfaden mehrmals um die Fäden unterhalb des Knopfes. Dann die Nadel auf die linke Seite durchstechen und den Faden vernähen.

Bei sehr dicken Stoffen benötigt der Knopf einen Stiel, damit sich keine Falten ziehen. Legen Sie beim Annähen zwischen Knopf und Stoff einen Zahnstocher, den Sie vor dem Umwickeln mit dem Nähfaden herausziehen. Beim Umwickeln wird der Abstand der Fäden zum Stiel zusammengefasst.

Knopfloch mit der Nähmaschine

Knopfloch ohne Knopflochautomatik

1 Markieren Sie das Knopfloch auf der rechten Stoffseite. Die Stichlage der Nadel auf links stellen, Sticheinstellung Zickzack mit 0,25 mm Stichlänge und 2 mm Stichbreite. Mit der Nadel am Ende der Knopflochmarkierung einstechen (Nadelposition links) und bis zum Ende der Markierung steppen.

2 Drehen Sie das Handrad, sodass die Nadel im Stoff steckt. Den Nähfuß heben, die Stichlage der Nadel auf die mittlere Position stellen und den Stoff um 180 Grad um die Nadel drehen. Den Fuß senken. Nähen Sie nun mit doppelter Stichbreite (4 mm) einen Riegel mit 6 Stichen. Die Nadel im Stoff auf der Außenseite stecken lassen, den Nähfuß anheben.

3 Für die zweite Knopflochraupe stellen Sie die Stichbreite wieder auf 2 mm, senken den Nähfuß und nähen die Raupe bis zum Beginn der ersten Raupe. Die Nadel muss jetzt an der Außenkante des Knopfloches im Stoff stecken bleiben. Erneut einen Riegel mit doppelter Stichbreite steppen. Um den Faden zu fixieren, stellen Sie die Stichbreite auf „0" und nähen drei Stiche. Schneiden Sie dass Knopfloch mit einer spitzen Schere oder einem Pfeiltrenner auf.

Knopflöcher mit Automatik nähen
Die genaue Arbeitsweise der Knopflochautomatik Ihrer Maschine finden Sie in der Bedienungsanleitung. Voraussetzung ist ein spezieller Knopflochfuß. Im Aussehen unterscheiden sich die Knopflöcher nicht, aber die Automatik bedeutet eine große Arbeitserleichterung, denn Sie müssen nur die Länge des ersten Knopfloches aufzeichnen und anschließend das Knopfloch mit der Automatik nähen. Für die weiteren Knopflöcher übernimmt die Automatik die vorher genähte Länge. Es reicht, wenn Sie die Lage der Knopflöcher markieren

Reißverschlüsse

Bei Reißverschlüssen unterscheidet man vier Arten: den Standard-, den Naht-, den Hosen-, und den teilbaren Reißverschluss.

Der verdeckt eingesetzte Standardreißverschluss
Dieser Reißverschluss ist an einem Ende geschlossen und kann verdeckt oder sichtbar eingesetzt werden.

1 Die Naht bis zur Einsatzmarkierung schließen, weiter den Reißverschlussschlitz mit Heftstichen schließen. Die Nahtzugaben auseinanderbügeln und die Kanten versäubern. Legen Sie den Reißverschluss mit der rechten Seite so auf die Nahtzugaben, dass die Zähnchen genau mittig über der Heftnaht liegen. Dann stecken Sie das Reißverschlussband auf der Nahtzugabe fest und heften es an einer Seite entlang der äußeren Kante. Auch das andere Reißverschlussband auf die Nahtzugabe heften. Das Nähgut auf die rechte Seite wenden und den Reißverschluss rundherum durch alle Stofflagen festheften.

Verschlüsse

2 Den Reißverschluss von rechts rundherum dicht neben der Heftnaht feststeppen. Lösen Sie die über dem Reißverschluss liegende Heftnaht und entfernen Sie alle Heftfäden.

Der sichtbar eingesetzte Standardreißverschluss
Der Reißverschluss wird immer dann sichtbar eingesetzt, wenn keine Naht vorhanden ist. Dafür muss vorher in den Stoff ein Schlitz mit versäuberten Kanten, wie z. B. beim Ärmelschlitz, eingearbeitet werden. Die zu wählende Schlitzbreite richtet sich dabei nach der Breite der Reißverschlusszähnchen.

Legen Sie den Reißverschluss genau unter die Kanten des Schlitzes, sodass die Zähnchen zu sehen sind, und heften Sie ihn rundum fest. Steppen Sie nun den Reißverschluss von der Vorderseite rundherum dicht an den Reißverschlusszähnchen fest. Anschließend die Heftfäden entfernen.

Der nahtverdeckte Reißverschluss
Dieser Reißverschluss zieht sich und damit den Stoff nach innen, sodass der Bereich des Reißverschlusses wie eine Fortsetzung der Naht aussieht. Für den Reißverschluss gibt es spezielle Füßchen. Die Naht unterhalb und oberhalb des Einsatzzeichens des Reißverschlusses muss noch offen sein.

1 Öffnen Sie den Reißverschluss und stecken Sie ihn an einer Nahtzugabe entlang der Markierung rechts auf rechts fest, die Zähnchen sind vom Schlitz weggerichtet. Nun „fädeln" Sie den Anfang des Reißverschlusses in das Füßchen und senken den Nähfuß, die Nadel läuft beim Nähen ganz dicht an den Zähnchen. Steppen Sie die zweite Seite des Reißverschlusses ebenso fest.

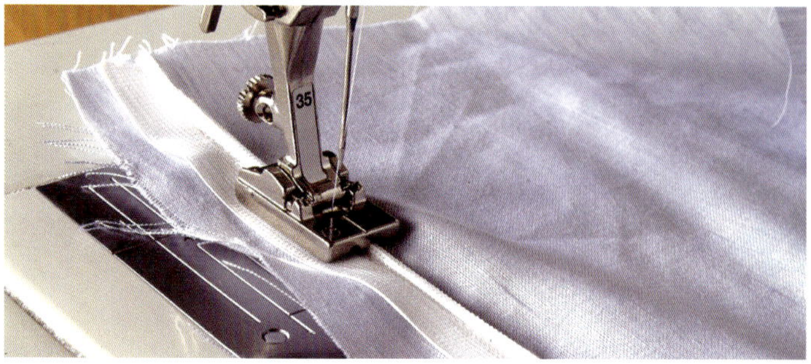

2 Schließen Sie den Reißverschluss. Nun können Sie die Naht unterhalb beziehungsweise oberhalb des Reißverschlusses in Verlängerung der Reißverschlussnähte schließen.

Haken und Ösen

Fixieren Sie den Nähfaden an der Stoffkante und legen Sie den Haken so auf die Kante, dass der Haken bis dicht an die Kante reicht. Die Nadel mehrmals durch beide Befestigungsösen führen, aber nicht auf die rechte Seite durchstechen. Die gegenüberliegende Öse genauso festnähen oder einen Garnriegel nähen.

Klettband

Klettband gibt es zum Aufkleben und Aufnähen. Das geklebte Band eignet sich eher für Wohnaccessoires, da es einer ständigen Beanspruchung wie bei Kleidung nicht standhält. Ist der Klettbandverschluss an einer Jacke geöffnet, ist das Band sichtbar. Steppen oder kleben Sie eine Kletthälfte (Hakenband) unter den Übertritt der Verschlusskante, die zweite Klettbandhälfte (Flauschband) auf den Untertritt.

Maß nehmen leicht gemacht

Ihre Körpermaße müssen mit denen der Schnittmaße übereinstimmen, denn es ist extrem frustrierend, etwas zu nähen, was hinterher nicht passt, weil es die falsche Größe hat. Vergleichen Sie immer Ihre Maße mit denen der Schnittvorlage, dann kann nichts schiefgehen.

Vor dem Messen

Ziehen Sie sich für das Maß nehmen bis auf die Unterwäsche aus. Legen Sie einen schmalen Gürtel oder eine Kordel um die Taille. Beides sollte ohne einzuschnüren oder zu hängen genau in der Taille sitzen. Von hier aus werden viele Maße bestimmt. Sie sollten beim Maß nehmen locker, entspannt und vor allem gerade stehen. Achten Sie darauf, dass auch der Bauch locker ist. Ziehen Sie ihn keinesfalls ein.

Zum Maß nehmen verwenden Sie ein flexibles Maßband mit 150–200 cm Länge. Für die Weitenmaße wie Taille oder Hüfte erhalten Sie exakte Messergebnisse mit einem Taillenmaßband, das sich mit einem Druckknopf arretieren lässt und in einem Rahmen das Maß anzeigt.

Lassen Sie das Maß nehmen möglichst von einer zweiten Person ausführen. Es ist bei vielen Maßen recht schwierig, sie selbst zu nehmen wie z. B. die Armlänge oder die seitliche Hosenlänge.

Legen Sie das Maßband für die einzelnen Messungen folgendermaßen an und schreiben Sie sich Ihre Maße auf:

1 Oberweite
Über den Rücken und die stärkste Stelle der Brust.

2 Taillenweite
Über dem Taillenband in der Taille, dabei auf keinen Fall den Bauch einziehen.

3 Hüftweite
Über die stärkste Stelle des Pos.

4 Brusttiefe
Vom höchsten Schulterpunkt bis zur Spitze der Brust.

5 Vordere Taillenlänge
Vom höchsten Schulterpunkt über die Brustspitze bis zur Taille.

6 Rückenlänge
Vom untersten Halswirbel bis zur Taille (Taillenband).

7 Schulterbreite
Vom Halsansatz bis zum obersten Punkt der Armkugel.

8 Ärmellänge
Vom obersten Punkt der Armkugel über den leicht angewinkelten Ellbogen bis zum Handknöchel.

9 Oberarmweite
Rund um die stärkste Stelle des Oberarms.

10 Halsweite
Rund um den Halsansatz.

Maß nehmen leicht gemacht

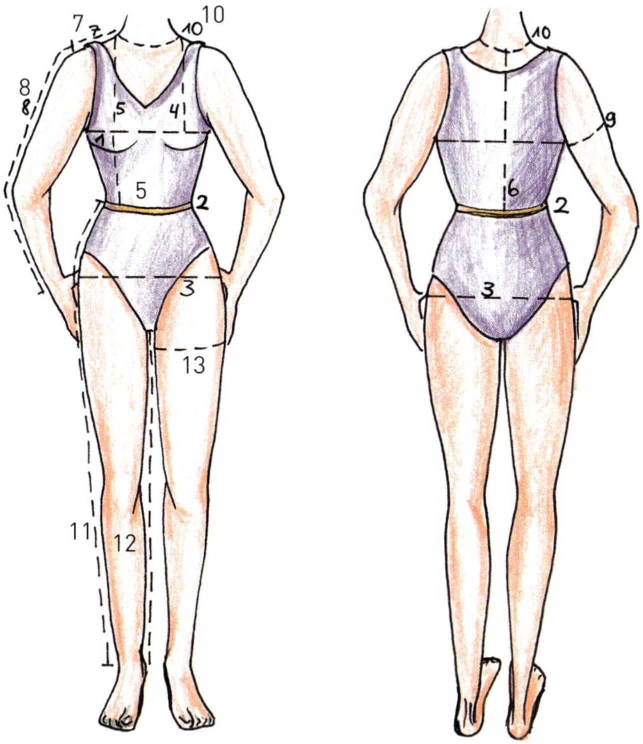

Bestimmen Sie nun anhand der Maßtabelle der Schnittvorlage Ihre Kleidergröße. Haben Sie einen Fertigschnitt oder ein Schnittmusterheft, müssen Sie Ihre gemessenen Maße mit deren Tabelle vergleichen.

Wundern Sie sich aber nicht: Es trifft nur sehr selten zu, dass alle Maße genau mit den Idealmaßen einer Konfektionsgröße übereinstimmen. Bei Schnittmustern für Kleider, Jacken und Blusen sollten Sie sich deshalb generell nach der Oberweite, bei Vorlagen für Röcke und Hosen nach der Hüftweite richten.

Da fast alle Schnitte als Mehrgrößenschnitte aufgezeichnet sind, können Sie beim Übertragen der Schnittlinien auf Ihren Papierschnitt aber auch ganz einfach verschiedene Größen miteinander kombinieren. Wechseln Sie dafür mit sanft ineinander auslaufenden Schnittlinien von einer Größe in die nächste. Haben Sie beispielsweise eine Taillenweite der Größe 38 und die Hüftweite der Größe 40, können Sie die Linien beider Größen im Verlauf von der Hüfte zur Taille problemlos miteinander verbinden.

11 Seitliche Hosenlänge
Vom Taillenband bis zum Knöchel.

12 Innere Beinlänge
Entlang der Beininnenseite vom Schritt bis zum Knöchel.

13 Oberschenkelweite
Rund um die stärkste Stelle des Oberschenkels.

14 Schritt- oder Sitzhöhe
Vom Taillenband bis zur Sitzfläche bei aufrechter Sitzhaltung.

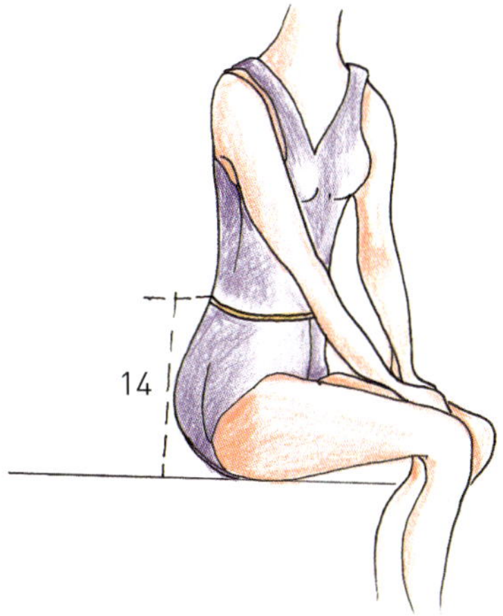

Register

Bildnachweis

PFAFF® / © 2012 KSIN Luxembourg II, S.ar.l.: S. 5 Mitte, S. 7 rechts, S. 9, S. 19, S. 21, S. 22, S. 26, S. 28/29, S. 32, S. 34, S. 43, S. 45, S. 47, S. 59, S. 65, S. 66/67, S. 71, S. 73, S. 74/75, S. 79, S. 81/82, S. 83 links, S. 87, S. 88/89;
Husqvarna VIKING® / © 2012 KSIN Luxembourg II, S.ar.l.: S. 4 Mitte, S. 5 oben, S. 6, S. 20, S. 25, S. 30, S. 35, S. 36/37, S. 60, S. 62/63;
SINGER® / © 2012 KSIN Luxembourg II, S.ar.l.: S. 7 links, S. 53, S. 54/55, S. 76/77, S. 83 rechts oben;
Gütermann GmbH: S. 4 oben, S. 7 (2.v.re.), S. 8, S. 11, S. 12, S. 14/15, S. 90, S. 92/93, S. 95, S. 96;
Coats GmbH: S. 38/39;
JAB Josef Anstoetz KG: S. 4 unten, S. 41, S. 48, S. 50/51;
Grund-Thorpe-Design: S. 5 unten, S. 7 (2.v.l.), S. 16, S. 40, S. 57, S. 58, S. 69, S. 84–86, S. 98/99;
Inge Ofenstein: S. 2, S. 5 unten, S. 98/99, S. 102–109.

Wir bedanken uns bei den Firmen VSM Deutschland GmbH (Karlsruhe), Gütermann GmbH (Gutach-Breisgau), JAB Josef Anstoetz KG (Bielefeld), Coats GmbH (Kenzingen) sowie dem Atelier Grund-Thorpe-Design (Schweitenkirchen) für die Unterstützung beim Erstellen des Buches.

Impressum

© Naumann & Göbel Verlagsgesellschaft mbH

Emil-Hoffmann-Straße 1, D–50996 Köln
Texte: Eva-Maria Heller
Beratung: Grund-Thorpe-Design
Gesamtherstellung: Naumann & Göbel Verlagsgesellschaft mbH, Köln

Alle Rechte vorbehalten

ISBN 978-3-625-13556-2